JN301786

経営組織論

— 理論と実際 —

石塚 浩 [著]

創成社

まえがき

　日本では市場を中心とした経済システムがとられている。企業は製品市場において顧客に自社の製品やサービスを販売する。製品市場には競争相手がいるので，顧客の奪い合いが演じられることになる。顧客は多様なニーズを持つと同時に，それらは激しく変化する。競争相手はそうした顧客に対応するために，さまざまな方策をとってくる。企業は予測不可能でコントロールの難しい製品市場の状況に直面し，つねに対応を迫られる。同様に事業活動に必要な原材料や部品は原材料市場，必要な資金は資本市場で調達するが，思い通りにいくとは限らない。従業員などの人手は労働市場で確保されるが，そうした人々が期待どおりに貢献してくれるかどうかは未知数である。さらに企業は国や自治体などによる規制を受けている。こうした市場や規制のなかで，企業は組織体として存続と成長を図っていく。

　近年の日本企業における経営慣行の変化は，そういった1つの現れであるといえる。終身雇用と年功序列の見直しによって成果主義の採用が広まる一方で非正規雇用者が増加している。終身雇用制のもとでは特に策を講ずることなく，従業員の企業に対する忠誠心は高まっていた。また，従業員間の仲間意識は高く互いに協力的であった。終身雇用でなくなると，どうすれば従業員忠誠心や協力関係を引き出せるかという課題に直面している。

　組織を設計し運営していくかが，改めて問われているといえるだろう。C.I.バーナードは主著『経営者の役割』のなかで，組織の定義としてわかりやすい例を挙げている。道路に1人では動かすことのできない大きな石があり，通行の邪魔になっている。人々が力を合わせて石をどかす。石をどかそうと力を合わせているまさにそのとき，組織が出現するのだという。一方，問題の石がどかされてしまえば組織は消滅する。この例から理解されるのは，組織とは人の

集まりではなく,人々が協力しあっている活動そのものを組織と捉えていることである。バーナードは組織の要素として,共通目的,協働意欲,コミュニケーションの3つを挙げている。だが,協力関係が組織であるとするなら,これらの3つの要素は備わっているのが当然であるといえる。むしろ共通目的や協働意欲をメンバーに抱かせ,必要なコミュニケーションを継続的に行わせる仕組みが重要である。我が社には明確なビジョンがない,ウチは風通しの悪い組織だ,ウチの組織はバラバラだ,といった組織への不満は,3つの要素のいずれかが欠けていることを示していて,バーナード流には組織といえない状態である。しかし,こうした3要素のそろった場合というのは組織の理想型にすぎない。組織は目標を効率的に達成するための仕組みであり,そこに加わる人々および他の資源の集合であると考えられる。ただし,諸制度の変化や技術の発展などの外部環境,そして参加者の利害関係などによって,目標は変化し,それにあわせて仕組みもさまざまに変容するので,組織の構成メンバーの顔ぶれも変わっていく。

　たとえば,企業の組織とはどの範囲を指すと考えたらよいだろうか。法人を単位として組織を把握することも考えられる。だが,現在では連結会計制度が導入されて,企業は連結決算重視の経営をしなければならなくなった。この会計制度の変化は組織の境界の変化を導いているといえる。連結会計制度のもとではグループ子会社の業績を犠牲にして親会社単独の業績を高めることができない。あくまでもグループ全体の業績を高めることが必要になる。こうした制度は粉飾決算の防止を主目的としているが同時に,組織の範囲を変えて考えてみる可能性を生じさせている。人事という管理活動1つとってみても,単独の会社ごとではなくグループ全体で行うことが必要である。親会社に優秀な人材を集中させ親会社の業績を高めても,グループ子会社の業績が下がればグループ全体の業績は低下する。グループ全体を考えた上での人事を行うことは,いわば独立法人としての会社の範囲を超えた組織運営が行われていることになる。こうなるとグループ全体を1つの組織とみなすこともできるのである。法規の変更,規模の変化,社会情勢の変化,そして利害関係の変化などを通じて,組

織運営の仕組みも変わらざるをえない。運営管理の仕組みが組織の境界を決めるといえるだろう。

　前半の1章から4章は多様な制度のもたらす制約のなかで目的の達成を目指して，人々を協力させ，その他の資源を活用する仕組みとして組織を捉えている。組織構造の検討がここでの考察の中核となる。

　第1章では，法律などによる規制のもとで，企業が存続と成長を目指してどのように組織を構築しているかを考える。株式会社の制度を中心に，資金の調達，株主や経営者の役割，そして他の株式会社との関係がいかなるもので，どういうふうに変化し，その影響は何かを分析する。第2章では，組織構造の多様性について考える。人的資源をはじめとする経営資源をどのように組みあわせパターン化させていくかが組織構造における課題といえる。そこで企業環境への適合と内部効率性の両立の面から分業と調整，分化と統合の多様なかたちについて検討する。第3章は組織間関係について考察する。他企業との資源のやりとり，取引における依存度の問題，系列取引，さらにはサプライチェーン管理などが検討される。第4章はICT（情報通信技術）と組織の関わりについて検討する。組織内部のコミュニケーションを活発化し，業務処理の効率性を高める上でICTは不可欠であるが，一方で業務プロセス自体や組織構造の変容を引き起こしている。

　後半の5章から7章は，組織研究において組織構造と並ぶもう一方の柱である組織過程について考察していく。組織について動態的に考えていくアプローチといえる。第5章は，集団における人間の行動を中心に，意思決定，コミュニケーション，そしてパワーの問題が検討される。ここでは組織行動の基礎を理解することが意図されている。第6章では，モチベーションにかかる欲求説や過程説といった理論が紹介され具体的に検討される。第7章においてはリーダーシップの理論が検討されるとともに具体的な事例が紹介される。

2009年3月

石塚　浩

目　次

まえがき

第1章　組織と制度 ―――――――――――― 1

1．会社の制度 …………………………………………… 1
 1.1　会社とは何か　1
 1.2　会社制度の位置づけ　2
 1.3　会社の種類：出資者の債権者への責任（無限責任・有限責任）　4
 1.4　持分会社と株式会社　9

2．株式会社のガバナンス ……………………………… 11
 2.1　株式会社のガバナンスと組織　11
 2.2　監査役会設置会社　12
 2.3　指名委員会等設置会社　14
 2.4　監査等委員会設置会社　15

3．会社制度と経営組織 ………………………………… 18
 3.1　所有と経営の分離　18
 3.2　株式会社の特徴　20
 3.3　株式持ち合いの影響　22
 3.4　持ち合い解消への動き：時価会計導入　24

4．会社の支配関係と経営 ……………………………… 24
 4.1　会社の支配　24
 4.2　親会社と子会社：グループ経営　25

5．会社は誰のものか …………………………………… 31

第2章　組織構造 ────────────────── 33

- 1．組織構造とは何か ………………………………………… 33
  - 1.1　組織構造と分業の効果　33
- 2．階層組織の成立と運営 …………………………………… 37
  - 2.1　統制範囲　37
  - 2.2　部門化　39
  - 2.3　プログラム（定型）化　40
  - 2.4　権　限　40
- 3．組織構造の設計 …………………………………………… 43
  - 3.1　企業組織と環境　43
  - 3.2　組織構造の基本型：職能別組織と事業部制組織　44
  - 3.3　基本的組織構造を補完するための組織上の工夫　48
- 4．組織構造と会社制度 ……………………………………… 55

第3章　組織間関係：サプライチェーンのマネジメント ────────────────── 65

- 1．組織間関係とは何か ……………………………………… 65
- 2．市場か組織かの選択理由 ………………………………… 67
  - 2.1　取引コストの面からの考察　67
  - 2.2　最適生産規模の面からの考察　69
  - 2.3　固定費増大の面からの考察　70
  - 2.4　コンピタンスの面からの考察　72
  - 2.5　川下統合に関わる考察　73
- 3．取引依存度の管理 ………………………………………… 73
  - 3.1　中間組織　73
  - 3.2　情報のコントロール　76
  - 3.3　協力関係の維持　81

4．SCM（サプライ・チェーン・マネジメント） ……………… 82

第4章　経営組織とICT ─────────── 85
1．企業経営におけるICTの活用 ……………………………… 85
2．ICTによる組織戦略の再構築 ……………………………… 89
2.1　ICT活用による業務改革　89
2.2　ICTによる業務統合：ERPシステム　93
2.3　ERPによる業務統合の方法と課題　96
2.4　日本企業の業務特性とERP導入　98
3．ICT，組織，そして社会の行方 …………………………… 100
3.1　企業組織の範囲の変化　100
3.2　企業内SNS　101
3.3　モジュール化のもたらす組織変化　101

第5章　組織行動の基礎 ──────────── 105
1．集団とは ……………………………………………………… 105
1.1　集団の種類：公式集団と非公式集団　105
1.2　凝集性　107
1.3　集団の形態　109
2．意思決定 ……………………………………………………… 110
2.1　意思決定における合理性の限界　110
2.2　集団による意思決定　111
2.3　組織の意思決定　115
2.4　チームの活用　116
3．集団におけるメンバー間の相互作用：コミュニケーション … 118
3.1　コミュニケーションの方向性および伝達経路　119
3.2　コミュニケーション・ネットワーク　120

4．集団におけるパワー ………………………………………… 121
　　　　4.1　パワーの源泉　122
　　　　4.2　パワーと政治的行動　122
　　5．集団とコンフリクト ………………………………………… 123
　　　　5.1　コンフリクトのプロセス　124

第6章　モチベーション ──────── 129
　1．組織と人間観 ……………………………………………………… 129
　2．モチベーションの理論 ………………………………………… 131
　　　　2.1　欲求説の理論　131
　　　　2.2　過程説の理論　138
　3．企業制度とモチベーション …………………………………… 141
　4．組織文化 …………………………………………………………… 147
　　　　4.1　組織文化の理解　148
　　　　4.2　組織文化の生成，定着，変更　150
　　　　4.3　サブ組織文化の問題　152

第7章　リーダーシップ ──────── 155
　1．リーダーシップの理論 ………………………………………… 155
　　　　1.1　特性（資質）理論　156
　　　　1.2　行動理論：リーダーシップ類型論　157
　　　　1.3　コンティンジェンシー・モデル　162
　2．リーダーシップと組織変革 …………………………………… 167
　　　　2.1　企業変革のタイプ　167
　　　　2.2　組織変革のプロセス　169
　　　　2.3　経営管理とリーダーシップ　171

索　引　175

第1章
組織と制度

1. 会社の制度

1.1 会社とは何か

　事業を営むためには，元手として資金が必要だが，その資金を用意するには，どうしたらよいだろうか。手っ取り早いのは自己資金を用いることである。それでも足りない場合，知り合いなどから資金を提供してもらうことが考えられる。こうした資金提供者は債権者あるいは出資者である。債権者とは資金の貸し手であり，貸した資金は将来的に返却されることになる。一方の出資者による資金提供の目的は対象の事業から得られる利益の分配である。複数の出資者を得られれば，返却不要の多くの資金を集めやすくなる。元手として大きな金額が集まれば，それだけ大きなビジネスを行えるわけで，利益拡大の可能性も高まる。複数の人が出資し事業を行い，得られた利益を分配する活動について，簡便に処理するために生み出された制度が会社である。

　会社とは営利法人であり，会社による事業活動からの利益の分配を期待して，会社への出資が行われる。法人である会社と出資者の間には社員関係が存在している。出資者の個人個人が互いに契約を交わすのではなく，団体と契約し出資を通じてその団体の構成員となる。ここでは出資する人を社員と呼ぶが，世間一般で使われる従業員を意味していない。団体へ出資する者が社員と呼ばれる。

　次に法人になるとは，どのようなことだろうか。法人になると（法人格を認められると）団体自身で法律上の権利を有し義務を負うことになる。ここでは法

人格がない場合の不都合についてみてみよう。たとえばサークルの運営費としてお金を集めて預金するときを考えよう。同窓会や大学のサークルなど，親睦のみを目的とするような団体は，2002年に中間法人法が施行され法人となる道が開かれた。しかしながら実際には，法人格を取得していないサークルや同窓会はたくさんある。こうした団体は団体名で預金をしようとしても，法人ではないから法律行為はできず，団体自体が貯金の契約をすることはできない。そのため，団体の財産であっても，個人名で預金をしなければならない。つまりサークルや同窓会の財産にもかかわらず，同窓会の代表者名などで預金することになる。

　この不便さが大きいことは明白である。代表者が交代する場合には名義を変更しなければならない。またこの代表者が，本当は同窓会のものであるのに預金を着服しようとして，もともと自分のものだと主張したらどうなるか。代表者の個人名で作成された通帳に示されたお金が同窓会のものであることを証明するのは結構難しいだろう。

　実務の運用では，法人ではない団体の財産と個人の財産を区別するために，肩書つき個人名を認めることが行われている。肩書つき個人名とは，東西高校同窓会代表平成太郎といったものである。共同名義で口座をつくることも考えられるが，構成メンバーに加入・脱会があると煩雑なことになる。このように預金1つとっても法人になっていないと面倒が多い。一般の同窓会ならば規模も小さく，あえて法人になる必要はないかもしれないが，企業の場合は財産も大きく取引相手も多いので法人でないととても不便になる。個人とは別個の法人の財産とし，独自に法律行為をできるようにすることで，さまざまな不都合が解決される。

1.2　会社制度の位置づけ

　企業を分類すると図表1－1のようになる。出資者が1人の企業を個人企業，出資者が複数の企業を共同企業と呼ぶが，会社は共同企業形態の典型的なものである。共同企業は多数の者からの出資を結合することにより大規模な事業を

図表1-1 企業の類型

営利を目的する企業 ─┬─ 個人企業（法人ではない）
　　　　　　　　　　└─ 共同企業　非法人企業（民法上の組合，匿名組合）
　　　　　　　　　　　　　　　　　法人企業（会社：合名会社，合資会社，合同会社，
　　　　　　　　　　　　　　　　　　　　　　株式会社）

出所：筆者作成。

行うことが可能になる。

　1人で何らかの事業をはじめれば法的には個人企業とみなされる。個人企業では出資者は1人であり，借金をしたとしても集められる資金量には限界があり，どうしても小規模の事業にとどまる可能性が高い。なお個人企業は法人ではない。出資者が1人だけなので，出資者個人の財産から独立した企業の財産をつくる必要がないからである。

　営利を追求する民間企業は個人企業と共同企業に分かれる。個人企業は1人で出資してビジネスを行う場合であり，元手として用意される資金額は小さい。共同企業は組合と会社に分類される。民法上の組合は2人以上の出資を得て運営されるが，これは共同して事業を行うためのものであるから，組合の存続中は財産を分割することができない。個人と個人の結びつきが強く組合で使う財産は原則として共同名義であり，経営上のさまざまな契約も共同で行われる。この組合は出資者間の契約によって成立し，2人，3人，4人と出資者が増えるごとに契約を取り交わし，資産についても共同名義としていく必要がある。組合に法人格は認められていない。出資は金銭その他の財産のほか，労務（組合事業のために働くこと）や信用（名前を連ねる）でもよい。組合の業務執行は，組合員の多数決で行うのが原則であるが，業務の執行者を定めることもできる。

　会社は法人であり個人とは別個の財産を有し団体として法律行為をする。出資された資金は会社の所有となる。出資者が複数いるときの法人でない場合の不都合については先に述べたとおりである。

　会社の種類には，合名会社，合資会社，合同会社，そして株式会社がある。会社には，出資者が複数以上いることが予定されている。出資者が複数存在す

> ### 中間法人法と一般社団・一般財団法人法
>
> 　2002年4月から，同窓会や大学サークルも法人格がとれるようになった。中間法人として法人格を取得することができる団体は，「社員に共通する利益を図ることを目的とし，かつ，剰余金を社員に分配することを目的としない社団」である（中間法人法2条1号）。同窓会，同好会，町内会などが典型例だが，これらの団体に限られるわけではない。なんらかの活動を行うために任意に結成される社団であれば，会社に該当するものを除き，通常，中間法人として法人格を取得することができることになった。
>
> 　この中間法人法は一般社団・財団法人法の施行（2008年）にともない廃止された。新たに創設された一般社団・財団法人法では，剰余金の分配を目的としない社団および財団について，事業の公共性の有無に関わらず，準則主義（登記）により簡便に法人格を取得することができる。

るのであれば，出資者個人の財産と企業財産が混在しないような工夫が求められる。ここに法人としての会社の存在理由がある。

1.3　会社の種類：出資者の債権者への責任（無限責任・有限責任）

　会社には，合名会社，合資会社，合同会社，そして株式会社の4つがある。現在，日本には合名会社は約6,000社，合資会社は約2万5,000社，株式会社は約120万社ある。これらの会社の形態には，どのような違いがあるのだろうか。この点を理解する重要なキーワードは，無限責任と有限責任である。

　無限責任，有限責任の責任とは，債権者に対する出資者の責任を示している。債権者とは資金の貸し手を指し，会社にとって出資者とならんで資金を提供してくれる存在である。具体的には金融機関つまり銀行や信用金庫などが挙げら

れる。ただし，こうした金融機関は貸しているのであるから，資金を借りた会社は期限までに返済しなければならない。会社に対して資金を融資した債権者への責任とは，出資した会社が倒産した場合に会社が残した債務を返済する責任である。無限責任では出資者が残った債務を完済することが求められる。それに対して有限責任では，出資額に限定される。そして会社への出資者が無限責任か有限責任であるかによって，会社の種類が決定される（図表1－2）。

　無限責任を負う出資者のみによって構成されている会社（合名会社），無限責任を負う出資者と有限責任を負う出資者の双方によって構成される会社（合資会社），そして有限責任を負う出資者のみから構成される会社（株式会社，合同会社）と，出資者の債権者に対する責任内容によって会社は分類されている。また合名会社と合資会社を人的会社，株式会社を物的会社と呼ぶことがある。これは債権者にとって，債権の担保が出資者の個人財産であるか，会社財産のみであるのかを反映したものである。

図表1－2　会社の種類（合名会社，合資会社，株式会社，有限会社）と無限・有限責任

```
合名会社：（直接）無限責任　　→　組合企業に近い
合資会社：（直接）無限責任＋（直接）有限責任社員　→　匿名組合に近い
合同会社：（間接）有限責任社員
株式会社：（間接）有限責任社員
```

出所：筆者作成。

有限責任制度の濫用

　「株主有限責任制度」の利用か濫用か。
　共同事業形態として株式会社制度を採用する最大の理由の1つが，株主有限責任の享受にある。ところが，この株主有限責任制度を利用するにとどまらず，濫用する大株主が少なくない。この大株主の「陰謀」に対処するための会社法上の法理が，「法人格否認の法理」として定着し

てきた。

　仙台工作社事件は、この法理について争われたものである。累積赤字1億数千万となった株式会社の仙台工作社が昭和42年、従業員に対する未払い賃金を残したまま解散したので、従業員たちが仙台工作社のただ1人の株主である川岸工業株式会社に対して、法人格否認の法理を根拠に、未払賃金の支払いを請求した。裁判所は、「仙台工作社の経営は、従業員に対する人事、給与労務対策の決定および仙台工作社の具体的生産目標と経営政策の決定に至るまで全てに亘り川岸工業の現実的統一的指示によってなされていたものであることが認められ、‥‥仙台工作社は川岸工業に資本的にも業務的にも現実的統一的に完全支配された子会社であるということができる」として、川岸工業が仙台工作社従業員の雇用関係の責任を負い、その賃金の支払い義務がある旨を判示した（奥島, 1994, pp.29-30）。

(1) 合名会社

　まず合名会社からみてみよう。社員の全員が、会社の債務について会社債権者に対して直接無限責任を負うとともに、各社員が会社債務の全額について連帯責任を負う。直接責任とは、社員が直接に会社債権者に対して会社の債務を弁済する責任を負うことを意味する。この無限責任は会社の財産での返済ができなかった場合に負担するものである。無限責任社員は金銭以外に労務や信用を出資することもでき、原則として全社員が業務を執行し、会社を代表する。無限責任を負う社員が誰であるかは、債権者にとってきわめて重要な関心事となる。

(2) 合資会社

　合名会社の社員がすべて無限責任であるのに対して、無限責任社員と有限責任社員の双方で構成されるのが合資会社である。無限責任社員になることはリ

スクが大きすぎて,出資しようとする人も限られてしまう。そうなると事業拡大のための資金を多く集めることが難しくなる。

有限責任社員を加えることで,より多くの資金を集めようとしたのが合資会社である。無限責任社員も有限責任社員も会社債権者に対して直接責任を負い,かつ社員相互間で連帯責任を負う点では,合名会社の社員と同じである。違うところは,有限責任社員が定款に記載した出資額の限度内でしか責任を負わない点と金銭による出資に限られている点である。

(3) 合同会社

平成18年の新会社法施行にともなって,新たに設けられたものが合同会社である。これはアメリカのLLC (Limited Liability Company) という会社形態を参考にしている。社員間あるいは社員と会社間の関係について,合名会社や合資会社と同じように自由に設計でき,有限責任を負う社員だけで構成される会社のことである。内部関係については,民法上の組合と同様の規定が適用される会社である。組合と同様に契約自由の原則が広く当てはめられるため,機関設計や社員の権利内容等については強行法規がほとんど存在せず,広く定款の自由に委ねられている。社員の責任が有限責任である会社には株式会社があるが,株式会社では出資額に応じて利益の配当を受けることになっている。合同会社では,出資の面では貢献できなくても,知識や能力の面で貢献できる人に利益配当することが可能になる。

(4) 株式会社

株式会社は株式を発行し,その株式を購入してもらうことで資金を集めていく。株式は少額で購入できるように小さな単位となっている。少額の出資を多くの人々から集めるための工夫である。

株式会社は,大衆資本を動員して大規模・永続的な事業を行うために最も適している。雇用や設備,原材料の購入,そして技術の導入には巨額の資金が要る。この点で大規模な資本集積を可能にする株式会社制度の必要性は大きい。

株式を発行しての巨大な投資資金の調達は，特に「規模の経済」が競争の決定的要因であった時代には，企業の存続と成長に大きく貢献した。出資した株主は間接有限責任しか負わず，出資した会社の事業が失敗したとしても，株式購入額つまりは出資額をあきらめるだけで債権者への責任を果たせる（有限責任）。責任が限定されているので安心して株主になることができる。株式とは，株式会社における社員（出資者）の地位を意味し，株式を取得した人は株主と呼ばれる。

また，譲渡制限を設けていなければ，株式の譲渡は自由とされているので，出資者はいつでもその株式を譲渡して出資額を回収できる。出資額の回収の容易さは出資を促す要因にもなる。

株式の譲渡を円滑に進めるには，株式の売り手と買い手の出会いの場を用意しなければならない。そのために株式市場が設けられており，株式等の証券を売買取引するための証券取引所が全国で数カ所に置かれている。

株主の権利には自益権と共益権がある。自益権とは，利益配当という利益の配分を受ける権利であり，共益権は株主総会を通じて株式会社の運営に参加する権利である。普通株式であれば，株式1単位ごとに等しい権利が与えられている。だから保有する株式数が多いほど，受け取る利益配当の総額は大きくなり，会社への影響力も大きくなる。

(5) 有限会社の廃止

平成18年の新会社法施行にともない，有限会社の制度は廃止された。もともと有限会社は株式会社の複雑な仕組みを単純化し利用しやすくしたもので，中小企業が有限責任の恩恵を得るために設けられた。つまり大規模の会社は株式会社に，中小規模の会社は有限会社になることを予定していた。ところが実際には中小規模の企業であっても株式会社になることが多くみられた。そこで，こうした実体を踏まえて，新しい株式会社制度のなかに有限会社を組み入れた。

新しい会社法では，このように有限会社の制度は廃止されたが，現在すでにある有限会社は特例有限会社という株式会社の一種となる。商号は有限会社

○○○○のまま維持される。なお特例有限会社から株式会社への移行は容易にできる。

1.4 持分会社と株式会社

　上記のうち株式会社を除く合名会社，合資会社，そして合同会社の3つは，持分会社として規定されている。持分会社の特徴は，組合と同様に内部設計が自由であること，そして全社員が業務執行権と代表権を有している点である。ただし定款によって業務執行を行う社員を定めることもできる。持分会社の社員は，他の社員の承諾がなければ，その持ち分の全部または一部を他人に譲渡できない。業務執行社員以外の有限責任社員は業務執行社員全員の承諾があれば，その持ち分の全部または一部を他人に譲渡できる。

　合名会社，合資会社，そして合同会社が持分会社としてまとめられる一方で，有限会社が廃止され株式会社にとりこまれた結果，株式会社は旧会社法と比べてさまざまなタイプのものが誕生した。公開の株式会社と非公開の株式会社に大別され，公開会社では株式の譲渡が原則自由であり，最高意思決定機関は株主総会で，業務決定は取締役会において行い，代表取締役が業務を執行する。非公開の株式会社では，株式の譲渡には会社の承諾が必要となり，業務決定とその執行は取締役が行い，取締役会や代表取締役の設置は任意となる。

株式会社の設立手続き

　これまで述べてきたように，株式と有限責任の原則によって，多くの出資者を集め巨大な資本を形成できるのが，株式会社である。ここで株式会社設立の方法についてみてみよう。
　会社の設立では自由で迅速な設立と健全な会社設立が追求される。会社の設立とは営利目的の社団たる実体を形成し（実体形成手続），これを法人として成立させる（法人格付与）手続である。

○　定款の作成

　発起人とは，定款に発起人として署名した者のことをいう。定款の記載・記録事項は，絶対的記載事項，相対的記載事項，任意事項に分けられる。絶対的記載事項を欠くと定款自体が無効になる。絶対的記載事項には①目的，②商号，③本店の所在地，④設立に際して出資される財産の価額またはその最低額，⑤発起人の氏名または名称および住所，の5つがある。

　相対的記載事項とは，定款に記載または記録を欠くとその事項の効力が生じないものをいう。これには，①会社が公告する方法，②非公開会社の定め，③会社の機関設置の定め，④監査役の権限を会計監査に限定する定め，⑤剰余金の分配等を取締役会が決定する旨の定め，などに加え，とくに検査役の調査を受けなければならない変態設立事項として，①現物出資，②財産引受け，③発起人が受ける報酬，④設立費用，が定められている。変態設立事項は，発起人がその地位を悪用して私腹を肥やし株主や債権者の利益を害する恐れのあるものを定めたものである。このほかに任意事項があり，これらは定款に記載または記録しうるに過ぎない事項である。定款は公証人の認証を受けなければ効力を生じない。

○　発起設立と募集設立

　すべての発起人は書面または電磁的方法によって株式の引き受けをなすことが必要になる。設立の方法には発起設立と募集設立があるが，「発起設立」は，設立に際して発行する株式のすべてを発起人だけで引き受ける。小規模の株式会社を設立する場合に使われる方法である。もう1つの「募集設立」では，発起人が発行する一部分を発起人が引き受け，残部について株主を募集するもので，発起人以外に広く出資者を募るものである。

○　設立登記

　設立登記の本来的効果は法人格の取得であり，その後は会社の名にお

いてさまざまな取引を行えるようになる。

2. 株式会社のガバナンス

2.1 株式会社のガバナンスと組織

　株式会社における機関設計には，公開・非公開の別，大会社・大会社以外の会社の別を核に，多くのバリエーションがある（図表1－3）。ガバナンスとは企業統治と訳される言葉である。株式会社の場合，株主の代理人として選ばれた取締役で構成される取締役会が経営方針について意思決定を行い，経営者の経営行動を監督することになっている。しかし，これまで実際には，経営者の支配力が強く，株主の意図をくんだ株主の利益を重視した経営が行われてきたとは言い難い。株式会社は誰のものか。誰のものであるべきなのか，これらの問

図表1－3　さまざまな株式会社

```
公開会社　大会社
①取締役会＋監査役会＋会計監査人
②取締役会＋3委員会＋会計監査人

公開会社　大会社以外の会社
①取締役会＋監査役
②取締役会＋監査役会
③取締役会＋監査役＋会計監査人
④取締役会＋監査役会＋会計監査人
⑤取締役会＋3委員会＋会計監査人

非公開会社　大会社
①取締役会＋監査役＋会計監査人
②取締役会＋監査役会＋会計監査人
③取締役会＋3委員会＋会計監査人
④取締役＋監査役＋会計監査人

非公開会社　大会社以外の会社
①取締役会＋監査役
②取締役会＋監査役会
③取締役会＋監査役＋会計監査人
④取締役会＋監査役会＋会計監査人
⑤取締役会＋3委員会＋会計監査人
⑥取締役会＋会計参与
⑦取締役＋監査役
```

出所：筆者作成。

題を考えることが，コーポレート・ガバナンス論の中核にある。

　平成18年施行の会社法では，有限会社が廃止され株式会社に取り込まれたと述べた。大規模な企業向けに用意されてきた株式会社が，中小規模の企業にも対応する制度へと変わった。その結果，会社の規模や実態の違いに応じて，さまざまな機関設計ができるようになった。

　株式会社の機関とされてきた株主総会，取締役会，代表取締役，監査役のほかに，会計参与という機関が新設された。また大規模な企業にのみ認められてきた，監査役会，会計監査人，委員会を規模に関係なく設置できるようになった。

　これまで株式会社はすべて，株主総会，取締役会，代表取締役，監査役を必ず設置しなくてはならなかったが，株式について譲渡制限を設ける非公開会社の場合は，取締役会を置かなくてもよくなった。本章では公開された大会社（資本金5億円以上，負債総額200億円上）を中心に株式会社のガバナンスについて述べる。

2.2　監査役会設置会社

(1) 株主総会

　株式会社に出資している株主によって構成される。取締役会を設置しない場合には，会社の組織，運営，管理にわたるすべての事項を決定する。取締役会が置かれる場合には，会社法に規定する事項と定款で定めた事項についてのみ決議できる。株主総会には，定時総会と臨時総会がある。株主総会の決議には，普通決議，特別決議，特殊決議の3つがある。

(2) 取締役

　取締役は株主総会の普通決議で選ばれ，会社の経営を委ねられる。取締役の一般義務は，善管注意義務と忠実義務である。具体的義務としては競業避止義務と利益相反取引の規制である。取締役会を設置しない場合には，取締役が会社の機関となり，業務を決定し，それを執行していく。

(3)取締役会

取締役会が設置される場合には、取締役会が会社の業務執行を決定する。取締役は取締役会の構成員となる。取締役会の基本的な権限は、業務執行の決定、取締役の職務執行の監督、代表取締役の選任と解任の3つである。

(4)監査役

取締役の職務執行を専門に監査するのが監査役である。取締役にも相互に監督しあう権限が与えられているが、仲間意識から実効性には疑問がある。そこで監査役が置かれるようになった。会社の財務状況をチェックする会計監査と取締役の業務執行をチェックする業務監査とがある。

(5)監査役会

大会社では設置が強制され、それ以外の会社でも設置が可能である。各監査役の職務分担を決め、効率的に監査を行う。3人以上の監査役で構成され、そのうちの半数以上は、社外監査役でなければならない。また少なくとも1名を常勤監査役に選出する必要がある。

(6)会計参与

取締役と協力して計算書類などを作成する機関であり、おもに中小企業の計算書類の正確性を確保しようとする。大会社ではない非公開会社であれば、監査役を置かずに会計参与を設置できる。会計参与になれるのは、公認会計士(監査法人も可)と税理士である。

図表1−4 従来型の株式会社

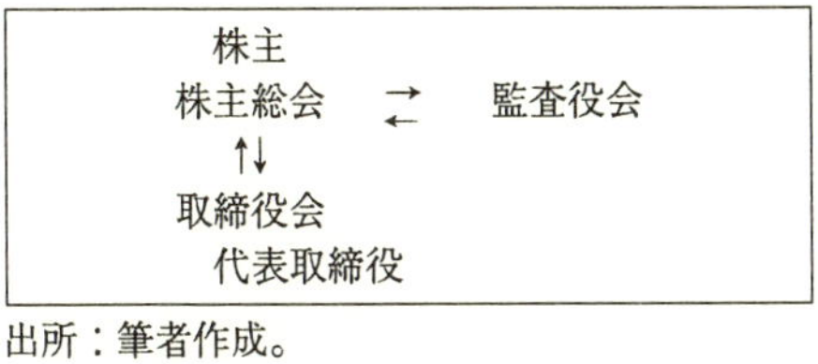

```
      株主
      株主総会  ⇄  監査役会
        ↑↓
      取締役会
      代表取締役
```

出所:筆者作成。

2.3　指名委員会等設置会社

　株式会社であれば,この指名委員会等設置会社という形態を採用できる。委員会設置会社はアメリカの株式会社にみられるガバナンス形態に近い。すべての株式会社はガバナンス形態として指名委員会等設置会社を選べる。取締役会の役割は,基本事項の決定と委員会メンバーおよび執行役の選任等の監督機能が中心となり,指名委員会・報酬委員会・監査委員会の3つの委員会が監査・監督というガバナンスの重要な位置を占める。監査役はなく,監査委員会がその役割を果たす。監督と執行が制度的に分離され,業務執行は執行役が担当し,取締役会の主任務は執行役の選任と執行役による業務の監督である。会社を代表する者も代表執行役となり,代表取締役は置かれない。原則として利益処分権限が株主総会から取締役会に移行する。取締役および執行役の任期は1年である。取締役と執行役の責任が利益供与の場合をのぞいて過失責任となる。

　3つの委員会のメンバー構成は次のとおりである。各委員会は,それぞれ,取締役会決議で選任した取締役3人以上で組織するが,各委員会につき,その過半数は社外取締役であって執行役でない者でなければならない。社外取締役とは,その会社の業務を執行しない取締役であって,過去および現在にその会社または子会社の業務を執行する取締役や執行役その他になったことがない者をいう。同じ取締役が複数の委員会メンバーを兼ねることはできる。また監査委員会を構成する取締役は執行役にはなれない。

　各委員会の職務は図表1－5のとおりである。

　取締役会の構成員である取締役はその地位に基づいて業務執行を行えないが(会社法415条),社内取締役は執行役となり業務を行うことはできる。業務執行

図表1－5　指名委員会等設置会社の3つの委員会

指名委員会：株主総会に提出する取締役の選任と解任に関する議案の内容の決定
監査委員会：取締役と執行役の職務遂行の監査および株主総会に提出する会計監査人の選任,解任,不再任議案の内容の決定
報酬委員会：取締役と執行役が受ける個人別報酬の内容の決定

出所：筆者作成。

の権限を執行役に集中させ,取締役会はその執行を監督するにとどめ,業務執行権と監督権限は分離される。

指名委員会等設置会社の問題点として,要となる社外取締役の層が薄く,厳格かつ適切な監視が行えるかという疑問がある。よい社外取締役とは社内の取締役に遠慮せず,経営を厳しく監督できる人材だが,適当な人物が見つからず会社間でトップ同士が社外取締役に互いに就任しあうという現象も起こりうる。現場を重視する日本の経営風土と,監督と執行を分離する考えが調和しない懸念もある。株主の利益を重視する結果,長期的な視野に基づく戦略が疎かになる可能性もある。

図表1－6　指名委員会等設置会社のガバナンス

```
株主
株主総会
  ↓ ↑
取締役会（指名委員会，監査委員会，報酬委員会の設置）
各委員会は3名以上で過半数を社外取締役で構成
  ↓ ↑
経営陣（代表執行役　執行役）
```

出所：筆者作成。

2.4　監査等委員会設置会社

平成27年に施行の改正会社法で,監査等委員会設置会社制度が創設された。取締役3名以上（過半数は社外取締役）で構成する監査等委員会が,取締役の業務執行を監査する株式会社である。監査等委員となる取締役は,株主総会の普通決議により,監査等委員として選任される。任期は監査役会設置会社よりは短いが,指名委員会等設置会社よりも長い2年となっている。解任については,監査役会設置会社の監査役の場合と同じで,株主総会の特別決議が必要になる。一方,監査委員が内部統制システムを活用した監査を行うところは,指名委員会等設置会社の監査委員会に近いかたちとなっている。

監査等委員会設置会社は,監査役会設置会社と指名委員会等設置会社の中間

的な制度となっている。監査役会設置会社については，社外監査役に加えて社外取締役も選任することが必要であり，指名委員会等設置会社では，監査委員会の他に，指名委員会と報酬委員会の設置が必要である。こうした条件を満たすことが求められない監査等委員会設置会社は，企業にとって導入しやすいものと考えられている。

企業ガバナンスへの統制：内部統制制度

2005年改正の会社法ならびに2006年改正の金融商品取引法（旧証券取引法を母体としている）では，企業に内部統制と呼ばれるリスク管理を求めている。内部統制の目的はオペレーショナル・リスクへの対応であり，業務の有効性および効率性，財務報告の信頼性，事業活動に関わる法令等の遵守（コンプライアンス），そして資産の保全の4つである。統制環境，リスクの評価と対応，統制活動，情報と伝達，モニタリングおよびITへの対応に関わる6つの基本的要素を通して実行されていく。業務に組み込まれ組織内のすべての者によって遂行される必要があるとされる。内部統制については，従来は法律上明示されることはなく，具体的事件について事後的に裁判所が取締役の忠実義務・善管注意義務*の違反について判断してきた（大和銀行株主代表訴訟事件，神戸製鋼所株主代表訴訟事件など）。その後，改正された会社法や金融商品取引法においては，内部統制の構築義務が明示されるに至っている。

会社法は，取締役会に「取締役の職務の執行が法令及び定款に適合することを確保するための体制その他株式会社の業務について適正を確保するために必要なものとして法務省令で定める体制の整備」を求め（会社法348条3項4号，362条4項6号，416条1項1号），大会社には，その決定を義務づけている。対象となるリスクは，財務リスク，コンプライアンス・リスク，そして内部リスクである。

会社法施行規則は会社法348条3項4号を受けて，①取締役の職務執行に関する情報の保存・管理の体制，②損失の危機の管理に関する規定その他の体制，③取締役の職務の執行が効率的に行われることを確保する体制，④使用人の職務の執行が法令・定款に適合することを確保する体制，⑤企業グループの業務の適正を確保する体制，⑥監査役の監査が実行的に行われることを確保する体制，を挙げている。

金融商品取引法は，信託業法，抵当証券法，商品ファンド法，証券取引法，そして金融先物取引法を統合したものである。この金融商品取引法は，企業に対して財務報告の信頼性を確保するための内部統制を要求している（金融商品取引法24条の4から24条4の7まで）。投資家が企業への投資について意思決定をする際には，当該企業の財務状況を知ることが必要となる。そのためには有価証券報告書などの正確性を確保しなけれならない。経営者は財務報告に関する内部統制の状況を点検して評価し，その評価が適切かどうかは監査法人が監査することとなっている。金融商品取引法が対象とするリスクは財務リスクであり，会社法の対象とする範囲よりも狭い。

内部統制をシステム化し，違法行為や過失などが生じないように，組織が健全かつ有効・効率的に運営されるように業務ごとに所定の基準や手続きを定め，管理と監視が行われることが求められている。

内部統制における6つの基本的要素の内容は次のとおりである。

① 統制環境

組織の気風を決定し，組織内のすべての者に対する統制に対する意識に影響を与えるとともに，他の基本的要素の基礎をなすものをいう。

② リスクの評価と対応

組織目標の達成に影響を与える事象について，組織目標の達成を阻害する要因をリスクとして把握し，分析し，そして評価する。

③ 統制活動

経営者の命令および指示が適切に実行されることを確保するために定

める方針および手続きをいう。

④ 情報と伝達

必要な情報が識別，把握および処理され，組織内外および関係者相互に正しく伝えられることを確保することをいう。

⑤ モニタリング

内部統制が有効に機能していることを継続的に評価するプロセスをいう。モニタリングにより，内部統制は常に監視，評価および是正されることになる。

⑥ ITへの対応

組織目標を達成するためにあらかじめ適切な方針および手続きを定め，それをふまえて，業務の実施において組織内外のITに対し適切に対応することをいう。

＊善管注意義務（善良なる管理者の注意義務：民法644条）とは，「委任を受けた人の，職業，地位，能力等において，社会通念上，要求される注意義務」である。

3. 会社制度と経営組織

3.1 所有と経営の分離

大企業では，サラリーマンとして入社して昇進し社長や会長というトップの地位に就く場合が多い。株主総会での議決を左右できるほどの株式を保有しているわけではない。トヨタ自動車は豊田喜一郎という人が創業者であり，豊田家の人たちが経営の中核を担ってきた時代もあったが，このところサラリーマン社長が3代続いた。パナソニック（旧松下電器）などをみても，一般に大企業に成長する過程で，創業一族による経営は少なくなるようである。

こうした状況はアメリカのバーリとミーンズ（Berle and Means, 1950）が唱えた所有と経営の分離という概念で説明することができる。所有と経営の分離とは，株主が実際の会社経営に関わらなくなった現象を捉えたものである。

バーリらの主張は次のとおりである。アメリカで株式会社の規模が大きくなるとともに株式が個人投資家に広範に分散し，AT&TやUSスチール，ペンシルバニア鉄道のような会社では筆頭株主でも全体の発行株数の1％も所有していない。このような株式分散のもとでは，多数持ち株支配をできる株主たちは減少してしまった。また経営活動も複雑化し，専門的な能力がないと円滑な経営が難しくなった。つまり企業成長にともなう株主の分散化，そして複雑化する経営のなかでの専門経営者の必要性が，所有と経営の分離をもたらしたのである。

　高橋（1995, pp.88-89）は，アメリカの鉄道会社における所有と経営の分離を次のように説明している。1830年代と1840年代に建設された初期の鉄道は，既存の商業地を結び，既存の水上輸送を補完する目的で建設されたもので，50マイルを超えるものはほとんどない短距離の路線であった。1840年代後半から50年代にかけて，米国では全国的な最初の鉄道ブームが起こる。1840年代に6,000マイル以上の鉄道が操業を開始した。鉄道輸送の強みは速度ではなく，綿密に組まれた運行計画にしたがって天候に左右されずに商品輸送を荷主に保障する高い信頼性にあった。

　これらの鉄道企業が米国で最初の近代企業となった。まず鉄道建設に要する資本はそれまでの事業に比べるとはるかに巨額で，単一の企業家や家族や小規模な企業家集団が鉄道設備を所有することは不可能に近かった。そして鉄道の管理業務はあまりにも複雑で，特別な技能と訓練を必要としたために，株主やその代表が自分で鉄道を管理することもできなくなった。広範な地域に散在している多数の人員や事務所を管理する必要のあった企業は鉄道会社が初めてだった。そこで，訓練を受けた専門経営者が管理にあたることになり，管理のための階層的組織が作られ，中央本部，地域本部，そして現場業務における責任・権限・伝達を，明確に規定した組織構造を作り上げていった。

図表1－7　所有と経営の分離の理由

・株主の分散化 ・専門経営者の必要性

出所：筆者作成。

3.2　株式会社の特徴

　企業の所有者である株主が専門経営者に経営を委ねる関係は，エージェンシー理論が考察対象とする典型的な関係の1つである。エージェンシー理論では，何らかの仕事について依頼する側（プリンシパル）と依頼される側（エージェント）の関係を扱う。プリンシパルからすると，エージェントに依頼したとおり行動をさせようとしても，本当にエージェントが期待どおりに行動したかを，エージェントよりも少ない情報で判断しなければならない。

　株主と経営者の関係は，これにあてはまる。経営者は株主のために行動することが求められるが，経営者は自己の利益を追求しようとする面があることは否定できない。それは，会社は誰のものかという問題を改めてクローズアップさせる。少なくとも商法は会社を株主のものとしているとみられるが，経営者および従業員のものとする見解も有力である。とくに日本では終身雇用が広く行われきて，アメリカほどには転職が容易ではないという事情があった。そのため一度就職した会社と運命を共にしなければならないことを考えれば，出資するだけの投資家よりも従業員のリスクは大きいと考えられる（サラリーマン社長も元を正せば従業員である）。

　日本企業では，従業員から昇進し経営者として選抜された人たちが，株主の意向を十分に反映したマネジメントをしてきたとは言い難い。株主たちも，株式売買による利益実現を第一に考えて，経営者に対して経営改善要求を行うことは例外的であった。

　株式の取得を通じて，株主総会での議決権を得ることで，その会社への支配を強めることができる。新規事業への進出の手段として，M&Aが多用される時代となってきた。新しい分野に進出する上で必要な経営資源を迅速に獲得するために，M&Aが有効なのである。M&Aには友好的な場合と敵対的な場合とがある。友好的なM&Aとは買収・合併される側が納得して行われるものであり，敵対的なM&Aとは了解を得ずに，力ずくで買収・合併を行う。敵対的M&Aが成功すると，被買収会社の経営陣はたいてい追放される。日本では従来，敵対的M&Aが行われることが少なかったが，ライブドアによるニッポン

放送へのM&Aなど，敵対的なものが増えている。また，株を買い集めることで相手企業の経営者にさまざまな圧力を与え，結局は買った株式を高値で引き取らせ利益を得る団体もいる。こうした団体は仕手集団の一種であるが，経営支配をめざす敵対的M&Aとは区別がつきにくい面がある。

　目的がいずこにあるにせよ，会社の株式を買い占めされ多く議決権を持たれてしまうことは，経営者にとって脅威である。経営者側はいろいろな防衛策を講じてきたが，そのなかで一定の効果をもたらしてきた方策が株式の持ち合いである。株式の持ち合いは防衛策にとどまらず，日本企業の経営の有様にも影響を与え，配当金を最大にする短期的な視点からの経営を避け，長期的な視点からの経営を行うようになった原因の1つといわれる。この株式の持ち合いが最近になって解消傾向にある。このことが敵対的M&Aの増加の一因にもなっている。

　株式の持ち合いとは，信頼のおける会社同士で互いに株主になりあうことであり，自社に都合の悪い株主の持ち株比率を下げて，彼らの影響力を弱める効果がある。持ち合いは太平洋戦後に始まったといわれる。戦後の経済民主化の一環として行われた財閥解体を通して，市場には多くの株式が放出された。これらの株式が仕手筋の団体や個人（米国ではグリーンメーラーと呼ばれる）によって買い集められ，そのあとで企業に対し高値での買い取りを要求されることがたびたび生じた。こうした問題への対応策として，解体された旧財閥の会社同士で株式を持ち合うことが広く行われた。旧財閥時代に培った会社同士の信頼関係が持ち合いの根底にあった。こうして旧財閥企業を中心に企業グループが誕生し，グループ内で重層的に株式の持ち合いが行われるようになった。

　グリーンメーラー対策が持ち合いの最初の動機づけだったとすれば，その発展に拍車をかけたのが，日本経済の対外的な自由化であった。戦後急成長を遂げた日本は1960年代に入ると，先進国の仲間入りをし他の先進国と対等の関係を築くに至った。資本の自由化はその1つで，外国企業が日本企業の株式を購入することが原則自由になった。先進国入りしたとはいえ，当時の日本企業の実力は外国企業とくにアメリカ企業とは雲泥の差があった。日本企業が外国

企業に乗っ取られるという情勢のなかで，対策として強化されたのが株式の持ち合いであった。60年代から70年代にかけて，株式の持ち合いのシステムは完成した。

株式の持ち合いは，経営者にとって好ましからざる株主の株式保有割合を少なく抑える手段としてだけでなく，商取引の安定性のためにも使われた点も見逃せない。株式を互いに保有し合うことは，いわば人質をとっているようなものであり，取引相手に裏切りがあった場合に，保有株式を取引相手に不利なかたちで処分するぞ，という威嚇を与えることになる。

戦前の株式会社

小林ら (1995) は，戦前の日本の株式会社について次のように述べている。個人部門の貯蓄超過という点では戦前戦後とも変わらないが，金融市場では資本市場の役割が戦後よりもはるかに大きかった。戦前の所得分配は戦後に比して不平等度が大きく，富裕な資産家層が存在していた。彼らは有価証券の形態で金融資産を蓄積していた。戦後の企業は資金の1割程度を資本市場から調達したにすぎないが，戦前の企業は3～4割を資本市場から調達し，金融市場への依存度ははるかに低かった。大株主が企業の資金調達に大きな役割を果たすと同時に一部は役員ポストを占めていた。配当性向は高く利益の3分の2が配当にまわされたという。戦後の配当性向は4割から5割程度である。

3.3 株式持ち合いの影響

株式の持ち合いによって，会社法上は株主の意向に従うべき経営者が会社は従業員のものという立場で行動できるようになった。会社同士が安定株主に互いになりあうなかで，他の株主たちの影響力は減じられていった。会社の業績

が悪化したとしても、株主からの責任追及の声に耳を傾ける必要はなく、むしろ自社のメインバンクの顔色をうかがうことに注力した。つまり株主によるチェック機能は低く、株主総会、取締役会、監査役会といった機関によるチェック機能も実質的には働かなかった。

株式の持ち合いは自己資本の水ぶくれ現象を生みだした。資金が調達されていないのに資本ばかりが増えてしまうという現象である。

貸借対照表にみる持ち合いの影響

A社とB社の貸借対照表は共に資産5億円、資本2億円、負債3億円であり、資産はすべて現金である。

いま両社が以下の事柄をⅠ、Ⅱの順序で行ったとすると、両社の資産の内容と金額および資本の金額は、どのように変わるか。

Ⅰ A社がB社の新規発行株式1億円分を、現金1億円で購入する。

Ⅱ B社がA社の新規発行株式1億円分を、現金1億円で購入する。

簡単な貸借対照表で考えてみるとわかりやすい。

	A社		B社	
	現金 5	負債 3 資本 2	現金 5	負債 3 資本 2
Ⅰ	A社		B社	
	現金 4 B社株式 1	負債 3 資本 2	現金 6	負債 3 資本 3
Ⅱ	A社		B社	
	現金 5 B社株式 1	負債 3 資本 3	現金 5 A社株式 1	負債 3 資本 3

ⅠとⅡを経た結果、資本は増加し自己資本比率は高くなったが、現金資産に変化はない。

3.4 持ち合い解消への動き：時価会計導入

　時価会計の導入により，持ち合いの解消が進んでいる。理由として次が挙げられる。持ち合い株式は「その他有価証券」に該当するため，期末に時価評価され，その評価差額は自己資本の額を増減させる。自己資本の額は企業の重要な財務数値であり，それが持ち合い株式の価格によって左右されるのでは，経営者は自らの経営努力を正当に評価してもらえなくなる可能性がある。

　一方で株式持ち合い解消の結果，敵対的M&Aが容易になると予想される。持ち合いによって安定株主が多数を占めていれば，経営陣が提案した議案が株主総会で否決されることはあまりなかった。だが一般株主の割合が増加すれば，企業の業績が悪い場合には，経営陣の提案が否決されることが多くなるだろう。すなわち株主の力が増大するといえる。

4. 会社の支配関係と経営

4.1 会社の支配

　ある会社を支配するための1つの方法として，株主総会での過半数の議決権の獲得がある。特別の要件が法律または定款で定められていない場合の決議では，過半数の議決権を得れば，思い通りに取締役を決められるので，支配が可能になる。総株主の議決権の過半数を有する株主が出席し（定足数），その出席株主の過半数で決定する。一定の重要な事項については総株主の議決権の過半数を有する株主が出席し（定足数），その出席株主の議決権の3分の2以上が必要となる。これを特別決議という。重要事項とは，定款の変更，自己株式の処分，取締役・監査役の解任，新株の有利発行，解散などである。ある会社の支配権を得ようとするとき過半数ではなく，まず3分の1以上の株式取得（議決権）をめざすことがある。なぜかというと，3分の1以上の議決権を確保することで，特別決議による決定を阻止できるという，いわゆる拒否権を手に入れられるからである。

　会社の支配関係を考えるとき，親会社と子会社，M&A（企業買収）が検討課

題として登場する。

> ### 株式公開買付け（TOB）
>
> 　証券取引所上場企業や，未上場でも有価証券報告書の提出が義務づけられている株式会社の株式を発行会社以外の者が市場外で取得する場合，原則として公開買付け，つまり不特定多数に対する公告による買付けによらなければならないとし，以下の場合は必ず公開買付けによらねばならないとしている。それは①多数の者（10名超）から買付けを行う場合で，かつ買付け後の議決権が5％超となる場合。②著しく少数の者（10名以下）から買付けを行う場合で，かつ買付け後の議決権が3分の1超となる場合である。
>
> 　TOBの制度を支える仕組みが大量保有報告書の提出ルールで，その原則は5％超取得後，あるいは5％取得後1％以上の増減があった場合は，5営業日以内に報告を義務づけるというものである。

4.2　親会社と子会社：グループ経営

　従来は議決権が過半数という形式的な基準では子会社ではないが，実質的に支配している会社（実質的子会社）を用いて，損失を隠すことができた。たとえば売れ残った在庫を，言うことを聞く支配下の会社に買い取らせることで，親会社の売り上げや利益を水増ししたり不良在庫を隠すこともできた。これでは親会社単独の業績は信頼の置けないものになる。

　子会社とは，ある会社に支配されている会社のことをいい，その支配している会社を親会社という。連結会計制度がはじまるまで，親会社と子会社の決定基準は簡単であった。ある会社の議決権の50％超を保有する会社が親会社，保有されているほうが子会社とされた。さきに述べたように，親会社にとって都

合のよい取締役を株主総会で選出するためには，50％超の議決権が必要だからである。しかし議決権を形式的な基準で判断することには問題がある。たとえば，51％の議決権を有している会社は子会社だが，50％の議決権では子会社ではない。親会社の都合のよいときには子会社にし，都合の悪いときには株式の1％を売却して，子会社にしないことができる。

このように議決権の調整を通じて，本来子会社であるべき会社を，子会社でなくしてしまうことを連結外しという。また，議決権の過半数を保有していなくても，役員を派遣する。あるいは必要な資金を供給するなどによって，会社を実質的に支配することは可能である。さらには，出資，人事，資金などにおける関係から，親会社と同一内容の議決権を行使するとみられる株主も存在する。そこで，新制度になったことを契機として，実質的な支配力基準を設けて子会社の範囲を見直した。

支配力基準とは，他の会社の意思決定機関を支配しているかどうかをベースに連結の範囲を決定することである。実質的な支配力とは，他会社の経営者の人事，営業方針および財務方針について指示もしくは方向を定める親会社の力のことである。次の場合に実質的な子会社と判断される。

(1) 他の会社の議決権の過半数を実質的に所有している場合
(2) 他の会社に対する議決権の所有割合が100分の50以下であっても，高い比率の議決権を有しており，かつ当該会社の意思決定を支配している一定の事実が認められる場合（詳しくは図表1－8）。

子会社を厳密に定義し，連結外しをなくそうとしているわけだが，実際には連結外しによる粉飾決算が後を絶たない。こうした粉飾決算の例として，アメリカのエンロン事件が挙げられる。エンロン社はエネルギー商社であり，石油や電力その他の商品について先物などのデリバティブの技術を活用して利益を上げてきた。不良資産を連結からはずして，利益を確保する粉飾決算を行っていたのが明らかになり破綻した（奥村，2002，p.73）。この事件でアメリカの会計制度や企業ガバナンスは優れているという神話が崩れた。粉飾をした直接の

図表 1 − 8　支配力基準

次のいずれかを満たす場合に，子会社と判定される。
(1) 子会社の議決権の過半数を所有する場合（持株基準）
(2) 子会社の議決権の40％以上50％以下を所有し，かつ次のいずれかの要件を満たす場合
  a. 自己と「緊密な者」と「同意している者」をあわせて「子会社」の過半数の議決権を所有する。
  b. 「親会社の支配影響役員等」が，子会社の取締役会その他これに準ずる機関の構成員の過半数を占める。
  c. 子会社の重要な財務および営業または事業の方針の決定を支配する契約が存在する。
  d. 子会社の資金調達額（負債計上されているものに限る）の過半について融資・債務保証・担保提供を行っている（緊密な者が行う融資を合わせて資金調達額の過半となる場合を含む）。
  e. その他，親会社が子会社の意思決定機関を支配していることが推測される事実が存在する。
(3) 子会社の議決権の40％未満しか所有していないが，自己と「緊密な者」と「同意している者」をあわせて子会社の過半数の議決権を所有し，かつ上記(2)のb～eのいずれかを満たす場合

「緊密な者」
　自己と出資，人事，資金，技術，取引等において緊密な関係があることにより自己の意思と同一の内容の議決権を行使すると認められる者をいう。緊密な関係の有無については，両者の関係に至った経緯，両者の関係状況の内容，過去の議決権の行使状況，自己の商号との類似性等を踏まえ実質的な判断を行う。

「同意している者」
　役員の選任，定款の変更等，他の会社等の財務および営業または事業の方針決定に関する議決権の行使に当たり，契約，合意等により自己の意思と同一の内容の議決権を行使することに同意していると認められる者をいう。

「支配影響役員」
　親会社の役員もしくは使用人であるか，またはこれらであった者で，これらの者を通じて親会社が子会社または関連会社の財務および事業の方針の決定に対して影響力を与えることができる者。

関連会社の基準は次のとおりである。

出所：筆者作成。

理由はストックオプションに依存した経営のため,株価を高くする必要があったからである。

連結会計制度の経営活動への影響

　粉飾決算を抑止するための連結会計制度であるが,グループ全体の業績を高めることが目標となる。以前は,人事考課の芳しくない従業員を子会社に出向させることがあったが,子会社の業績の悪化につながる可能性もあるので,安易には使えないやり方となった。反対に,子会社の従業員であっても能力の高い人材がいるのであれば,本社で活躍の場を用意することが必要である。つまりは,親会社,子会社に関係なく,グループ全体で人事を考えることが求められている。

　またシェアード・サービスは,こうしたグループ経営の効率化の要請から生じた。グループ各社の人事や経理などの業務をグループ全体で1つにまとめて重複を減らす考え方である。子会社として独立させて,グループ全体の業務を担当させることが多い。余力があれば,グループ外の企業の業務をも引き受けることがある。

資金調達のコスト

　株式会社が必要な資金をどのように調達しているかについて整理してみよう。通常以下の3つの方法が挙げられる。資本市場から調達する直接金融,銀行からの借入などで調達する間接金融,ビジネス活動で蓄積した資金による内部金融の3つである。直接金融は,資本市場で不特定多数の人々から資金を調達する手段であり,緊急に必要な資金の調達には不向きであるが,企業成長に向けた資金の調達には適している。とく

に株式発行は返済不要の資金の調達になるから，工場建設などの設備投資向けの長期的に必要な資金を調達するには適している。

　間接金融は金融機関との取引であり，緊急に必要となった資金の調達に向いている。日本の場合メインバンクを中心とする間接金融を通した資金調達が，戦後の経済成長期における日本企業の特徴である。しかし，最近では日本企業の内部留保が増加し内部金融の比重が高まり，また直接金融のための資本市場の整備も進んできたので長期的資金を得るための間接金融の重要性は以前より低まっている。

　借入は返済の義務があり，また通常は利子を支払う必要がある。これらは業績の善し悪しに関係なく行わなければならない。借入を返済できなければ倒産することになる。よって負債の比率が高い企業は財務的なリスクが高いといえる。株主によって出資された資金は，配当金を支払う必要があるが返済の義務はなく，返済のための資金準備がなくても永続的に使えるお金である。利益の分配としての配当の支払いであるから，利益が上がらなければ支払わなくてもよい。もちろん，配当が少なくなれば，株価が下がるなどの影響が現れることになるだろう。

　税金との関係も考えておかねばならない点である。利子支払いは費用であるのに対して，配当金は利益の分配である。つまり費用である利子支払いは利益を減少させ，法人税を小さくすることになる。それに対して，配当金は法人税を差し引いた税引き後利益を分配したものであるので，法人税を小さくする効果はない。

　上記のことを考えると，資金調達のどれが望ましいかについて，一概に答えは出せず，ケースバイケースで対応していかざるを得ない。資本コストについては，どのように考えるべきなのだろうか。企業は資本を調達して，ビジネスに投資している。資本コストは債権者や株主などの投資家が最低限確保したい投資利益率であるといわれる。利益率がこの水準を下回れば，投資家は投資をやめてしまうからである。

　債権者，たとえば銀行は，他の企業や個人に融資するより有利あるい

は同程度に有利である金利を設定して融資に応じる。社債の場合は，個人でも企業でも，株式などの金融商品と比較して利回りが有利な場合に購入される。有利子負債の場合は，その金利が資本コストになる。負債の利子率は当事者間で決められるので，資本コストを求めるのは容易である。株主の資本コストは株主の機会コストであるが，これは有利子負債のように事前の契約がないので，簡単に求められない。求め方として一般的なものは，株式市場の状況から機会コストを計算するものである。この機会コストは「株主の期待する投資利益率」とも呼ばれる。株主の機会コストである株主資本の資本コストを求める方法が資産評価モデルである。

　現在，企業で一般的に使われる資本コストは，加重平均資本コスト(weighted average cost of capital=WACC) と呼ばれるものである。負債の資本コストと株主資本の資本コストをそれぞれ求め，それらを負債額と株主資本の額で加重平均したものである。

WACC（％）＝自己資本の平均コスト（％）×自己資本／総資本＋負債の平均コスト（％）×（1－法人税率）×負債／総資本

　この公式のなかで，負債コストには「1－法人税率」が掛けられている。それは先に述べたように株主資本コストが税引き後であるのに対して，負債コストが税引き前になっているので，両方を税引き後にそろえるためである。また，なぜ利子率の違う金融商品が共存するのだろうか。それはリスクとリターン（利益）が異なるからである。リスクの大きい投資は，リスクの小さい投資よりも利益率が高くなければ，投資は行われない。

　では，どの程度のリスクに，どれくらいの投資利益率が求められるのだろうか。それを求める方法として，資本資産評価モデル（CAPM）がある。ある株式に期待される投資利益率は「リスクフリー・レート＋リスク・プレミアム」で示される。リスクフリー・レートとは，リスクがゼロの金融商品である国債などの利回りを指す。株式は国債に比べてリ

スクが高いのが普通であるから，リスクに見合う利回りが加えられる。これがリスク・プレミアムである。リスク・プレミアムは，株式市場全体のリスクに見合った追加利率に，その会社特有のリスクを示す係数β値を掛けたものとなる。この「リスクフリー・レート＋リスク・プレミアム」が株主資本コストとなる。なおリスクとは不確実性を意味していて，必ずしも危険を意味するものではない。

5. 会社は誰のものか

　会社は誰のものかについて，よく議論になる。株式会社は巨額の資本を集めて巨大な設備を建設し，大きなビジネスをするために考え出されたものである。岩井（2003, p.272）によると，産業資本主義の時代においては，安い賃金で労働者をいくらでも雇えるので，機械制工場を持っているだけで利潤を確保できた。だから機械や設備といった有形の資産の価値が高かったという。だが，ポスト産業資本主義の時代になると，機械制工場を持っているだけでは利潤をうみだすことが困難になった。つまりは機械や設備の価値が急速に下がってきた。こうなると経営者の企画力や技術者の開発力や従業員のノウハウが果たす役割が拡大する。すなわち，具体的なモノの形をとらない知識資産の価値が上昇している。

　現代社会で企業の価値を生みだしているのは，資本を背景とした設備ではなく，人間の知識や能力なのである。このような変化のなかで，会社は株主のものというよりも従業員のものという考えが妥当なもののように思えてくる。しかし，株式会社のガバナンスに大きな影響力を有しているのは株主である。株式会社の制度は，株主が企業価値の源泉を提供する重要な存在としている。

　企業の総価値について，株式時価総額に会社の負債を加えたものとする考え方がある。これは上場企業の株式を市場価格ですべて買い取り，負債を全部返済した場合の金額である。対象の企業をそっくり手に入れるのに必要な金額と

いえるだろう。この金額は通常，貸借対照表の資産を上回っている。この上回る部分こそ経営者や従業員がうみだした価値だとみることができる。一方，会社を清算した場合の貸借対照表上の企業資産は，債権者と株主に配分されるから，この部分は債権者と株主による資本が貢献した価値とみることができるだろう。

たとえばゲーム機のビジネスで大成功している任天堂を例として考えてみよう。2008年2月14日の終値で同社の時価総額は7兆3,000億円である。2007年3月31日の貸借対照表上の純資産は1兆5,750億円であるから，6兆円弱の差額が生じている。この6兆円弱は任天堂の経営者や従業員が作り出した価値と考えられる。

【参考文献】
Berle, A.A. and G.C. Means, *The modern corporarion and private property*, NewYork, The Macmillan Company. 1950.（北島忠男訳『近代株式会社と私有財産』文雅堂書店，1958）
岩井克人『会社はこれからどうなるのか』平凡社，2003。
神田秀樹『会社法　第8版』弘文堂，2006。
小林英夫，岡崎哲二，米倉誠一郎，NHK取材班『「日本株式会社」の昭和史：官僚支配の構造』創元社，1995。
Mickletwait J. and A. Wooldrige, *The Company*, Weideneld & Nicolson History. 2003.（日置弘一郎監訳『株式会社』ランダムハウス講談社，2006）
奥村　宏『エンロンの衝撃』NTT出版，2002。
奥島孝康『会社法の基礎　事件に学ぶ会社法入門』日本評論社，1994。
高橋伸夫『経営の再生』有斐閣，1995。
吉田和男『日本型経営システムの功罪』東洋経済新報社，1993。

第2章
組織構造

1. 組織構造とは何か

1.1 組織構造と分業の効果

　組織構造は，ヒト，モノ，カネ，情報といった経営資源を有効活用するための仕組みである。分業，組織階層，部門化，公式化，そしてコミュニケーション・システムが組織構造を検討する場合の主要な考察対象となる。

　最初に生産性を高める基本的な工夫の1つとして，幅広く活用されている分業について考えてみよう。大きな企業では，営業部門，製品開発部門，生産部門，財務部門といった各部署に分かれて仕事が行われている。各部門はさらに小さな単位に分かれている。部門は複数の課で構成されていて，営業部が営業部第1課，営業部第2課と枝分かれし，生産部門が生産計画課，生産作業部，品質検査課などと分かれている。また職場単位でみても，そのメンバー間で分業を行い仕事を分担している。

　製造業の企業で行われている分業は，開発，生産，販売の3つの基本活動を

図表2－1　企業組織内の活動

製造業の基本的活動：　開発　生産　販売
流通業の基本的活動：　仕入れ　販売
・基本活動はさらに分割され，生産活動であれば試作，組み立て，そして品質検査などに分けられる。
間接的活動：　人事　財務　総務

出所：筆者作成。

軸として行われ，小売店や問屋などの流通系企業では，仕入れと販売の2つの基本活動を軸に分業が行われている。それに，企業の基本活動を補佐する財務や人事などの間接的な活動が加わっている。

分業は，(1)単純化，(2)専門化の2つの効果をもたらし，これによって生産性が向上する。分業によって仕事が複数に分けられると，分割されて新たにできた各仕事は，担当する仕事の工程数が少なくなり，誰でも容易にできる作業となる（単純化）。生産現場の仕事であれ，オフィスワークであれ，1つの仕事を分割して狭い範囲の作業にしたほうが，簡単な作業となる。また，狭い範囲に集中することで，その作業がますます上達するという効果も得られる（専門化）。経済学の始祖アダム・スミス（Adam Smith，邦訳1, pp. 24-26）は，ピンの製造を例に分業による効率化を説明している。

ピンの製造は，まず針金を適当な長さで切るところからはじまる。針金を伸ばして一方の先端をとがらせ，他方に頭をつけ，最後に完成品を紙で包む。この作業を1人ですると，1日に20本程度しか生産できない。その作業工程を分けて10人で分担して仕事をすると，1日に48,000本作れるという。1人あたりでは4,800本になり，分業によって実に200倍以上に効率を高めたことになる。

日本の伝統工芸品である「京友禅」だが，中国製のものもある。品質がよいので本家の京友禅も油断ならないという。中国で京友禅を作っているのは学校を出たての若い女性労働者たちである。日本では経験のある職人が作り上げる伝統工芸品であるのに，中国ではそうではない。作業を徹底的に細分化して作業を単純化させることで，未熟練の作業者でも製造を可能にしている。染色の工程ではITの力を駆使する一方で，人件費の安い中国での生産によって，分業の効果を最大限に上げている[1]。

分業を通じて派生的に生じる長所として次の点が挙げられる。まず分業によって各人の能力に適した仕事を作り出すことが可能になる。営業に向いている人もいれば経理に向いている人もいる。特定の分野で能力のある人に，それ以外の仕事をさせることは非効率的である。つまり適材適所に人材を活用するために分業が役にたっている。また得意分野に集中して仕事することができれば，

仕事へのモチベーションも高めるだろう。

　もう1ついえるのは，監督する側にとってのメリットである。部下の仕事が分業を通して単純になった結果，作業の問題点の把握が容易になり上司による管理活動が効率よく行えるようになる。

　一方，分業の短所として，仕事の単調化，柔軟性の欠如，そしてコンフリクトの発生が挙げられる。

(1)仕事の単調化

　分業の効果は，作業を単純化し繰り返させることで発揮される。ところが単純な作業を続けていると飽きてしまうし，場合によっては人間性を喪失させることになる。

　喜劇王チャップリン監督・主演の映画「モダンタイムス」では，このことがよく現れている。チャップリン扮する主人公チャーリーは工員であり，1930年代のオートメーションの進んだ工場で働いている。効率至上主義の社長の下で，チャーリーはスパナでねじを締める作業を繰り返す。そのなかで次第に正気を失い，さまざまな事件を巻き起こす姿を映画はコミカルに描いている。

　分業によって生じた単調な作業を繰り返していると，自分の仕事の意義を見つけられなくなり，疎外や人間性の喪失を感じ，仕事へのやる気を失うことがよくある。

(2)柔軟性の欠如

　分業では，狭い範囲の仕事に集中させることで効率性を上げていく。特定の仕事ばかり行う結果，担当している仕事以外の仕事はできないようになる。たとえば販売活動にてこ入れしようとセールスパーソンの増員を図る企業が，工場で働く熟練労働者をセールスパーソンに転換を考えたとする。ところが，工場労働者が新しいセールスの仕事をこなせないことが少なくない。工場労働者として専門化が進んだ結果，セールスの仕事への適応力が失われたのである。

(3) コンフリクトの発生

　分業では，細分化された仕事について責任をもって担当する。自分の担当する仕事だけ上手くいけばよい，あるいは自分は頑張っているのに，他の人は努力不足だという考えが横行することがある。自動車会社で販売不振の車があったとする。開発部門は販売部門の販売努力が足りないと思うだろうし，販売部門は魅力のない車を設計した開発部門のせいにするだろう。他の仕事の大変さなど，担当以外の仕事の内容を知らないことも，これに拍車をかける。

　ここに挙げた分業の短所に対しては，定期的な人事異動によって，さまざまな職を経験させる，部署間の意見交換の場を設けるなどの対策が以前から行われている。

分業を抑えることで効果を上げている企業

　分業の効果が発揮される条件は，同じ作業を繰り返せることである。少品種の製品を大量に生産する時代には分業が大いに貢献した。巨大工場でベルトコンベアを用いた流れ作業（フォード生産方式）で組み立てていくやり方は，分業のメリットを最大限に引き出すものであった。少品種の製品の大量生産には，それらの製品が大量に販売される市場の存在が不可欠になる。現在のように販売市場が多様化すると，少品種の製品では市場の要望を充たすことが難しくなり，大量生産方式がうまく機能しなくなった。

　現代では，多くの種類のものを少しずつ作る多品種少量生産が求められる。こうなると分業をとらず，最初から最後まで1人で組み立てるほうが効率的になることがある。こうしたやり方をセル生産方式と呼び，さまざまな業界で行われるようになっている。

2. 階層組織の成立と運営

2.1 統制範囲

　分業すれば，調整活動が必要となる。分業では分担して作業を進めるわけで，各作業の間には連携関係があるので，各作業を勝手気ままに実行させてしまうと全体が円滑に進まなくなる。自動車の運転で考えてみよう。運転で必要なハンドル操作，アクセル，そしてブレーキの操作を別々の人に担当させたら，おそらく運転することなどできないだろう。それぞれの操作は運転する上で緊密に関係し相互に依存しあっているので，各操作の間を調整することが至難の業だからである。車の運転のようにきわめて緊密な操作からなる作業では分業が難しい。分担した作業間を調整できてこそ，分業が可能になる。分業によって生じる相互依存関係を管理するための人間の処理能力には限界があるといえるだろう。

　分業された活動間を調整する方法としては2つのやり方が挙げられる。1つは関係する人々の話し合いによる方法であり，もう1つは監督者を置いて調整する方法である。一般的な企業の調整方法としては監督者を置く方法がメインとして使われ，補完的に話し合いによる方法が使われる。話し合いによる方法は参加者の意欲が高まるなどのメリットがあるものの，結論が出るまでに時間がかかりすぎる傾向があり，決定へのスピードの点で監督者方式のほうが有利である。

　以上のことはメンバー間のコミュニケーション経路の数をみてもわかる。話し合いの場合にはコミュニケーション経路の数は全員を互いに結びつけるために$n(n-1)/2$本となる。一方で，監督者や管理者を1人決めてほかのメンバーを調整させる方法でのチャネル数は，$n-1$本である。10人の集団で話し合いによると45本だが，管理者を置く方法だと9本ですむ。管理者を置く方法では，命令と報告がコミュニケーションの内容になる。

　管理者を1人置く方法が企業における分業の基本的な調整方法であると述べ

た。だからといって，無制限に部下の数を増やしても効率よく調整できるとはいえない。そこにはおのずと限界がある。統制範囲（スパン・オブ・コントロール）は1人の上司が管理可能な部下の数を意味する。部下に対して命令し，部下から報告を受けて適切な判断をする上で，管理できる部下の数には限りがある。管理者の資質にも大きな影響を受けるが最大でも12名程度とされ，7～8人が理想的な部下の数とされている。

集団の規模がさらに大きくなると，統制範囲のために1人の管理者がメンバー全員の仕事ぶりを見ることができなくなる。このような大きな集団の活動を調整するには，その大きな集団をいくつかのより小さな集団に分割して，その集団ごとに管理者を置く。それらの管理者は自分の部下たちの仕事を調整しながら，その状況を自分の管理者に報告し指示を仰ぐ。すなわち管理者の上に管理者を置く形で階層をつくって調整する。よって小集団の数が多くなれば階層の数は増加していく。

経営組織は集団における分業と調整の枠組みであるともいえる。この枠組みをどのように組み立てるかという問題が，組織化の問題である。集団の規模が大きくなればなるほど，全体の活動を調整している経営トップの全体状況の把握は，より間接的にならざるを得ない。間接的になればなるほど，状況の把握がより不正確になったり，トップからの指示が的確に伝わらなくなる可能性が高まる。

組織のフラット化

意思決定と現場での業務執行に関する迅速化を図るために組織化のフラット化が求められている。組織のフラット化とは，組織階層の数を減らしていくことをいう。従来の組織では階層が数多くあり，上からの命令および下からの報告が伝達されるのに時間がかかり，意思決定およびその実行も遅滞することが多かった。

企業間競争においてスピードが決め手になるに従い，組織のフラット化が必要になっている。階層ごとの決定が積み重なってトップによる最終的な決定が行われる場合でも，トップダウンでトップの決定が順送りに組織の現場まで伝えられる場合であろうと，階層の多さは障害となっていた。階層の数が増えた原因の1つには，年功序列システムにおける中間管理層の増大がある。昇進させることで高いモチベーションを維持させようとした結果，さまざまな管理職位が生みだされてしまった。

2.2　部門化

　分業と調整の単位を部門といって，分割された活動をまとめ上げる役割を果たす。活動間の連携をどう構築するかで，職能別，顧客・製品別，地域別など部門化は多様なかたちをとる。

　職能（機能）別の部門化とは開発，生産，そして販売といった職能ごとに部門化するものである。職能ごとに分業しまとめることによって，専門化の利益を得ようとする。職能別の部門化によって形成される組織は職能別組織と呼ばれる。一方，事業部制組織といって顧客や製品ごとに部門をつくる場合もある。製品ごとに市場の特性や使用される技術が異なる場合，このような部門化がとられる。同じ顧客でも個人と法人では購入量やニーズの内容に違いがあり，それぞれを部門化しその内部で各職能を連携させたほうが望ましいものになる。この場合には，各部門が開発，生産，販売の基本職能を持つことになる。また市場別に部門化が行われる場合もある。トイレタリー業界の世界企業では地域別の部門を持ち，それぞれの地域にあわせた商品の開発，生産，販売を実行している。

　自己充足性（self-sufficiecy）のある部門という言い方がある。自己充足性とは事業を行うのに必要な職能がすべてそろっている，独り立ちできることを指す。事業が成り立つには，製造業であれば少なくとも生産・開発・販売の基本職能は持つ必要がある。一方，職能別に形成された各部門は自己充足性を欠い

ていることになる。自己充足性のある部門は独立した運営が可能であることから，企業組織の分権化が進むにしたがって，自己充足性のある部門が増えていく。

2.3 プログラム（定型）化

　プログラム化とはある一定の状態が起こったときに人々がとるべき行動をあらかじめ決めて定型化しておくことである。職場にマニュアルなどと呼ばれる作業手順書が置かれていることがあるが，あれはプログラム化の一例である。プログラム化の長所は，管理者の調整が不要になるので，管理者の負担が軽くなり，意思決定が速くなることである。印南（1999, p. 96）によると，意思決定が定型化すれば，問題の明確化，情報収集，選択肢の生成などに，時間・エネルギーを費やすことなく意思決定が円滑に行われる。その結果，意思決定はスピードアップされるという。意思決定のプログラム化は遂行手続きを統一できるので，複数の人間の意見・利害の調整や交渉の必要性が小さくなる。

　一方で欠点もある。プログラム化はあらかじめ決めておく方法であるから，想定外の事柄が発生した場合には無力なものになってしまう。それにもかかわらず，不適切なプログラムが使い続けられてしまうと，組織の効率を損なうことになる。

2.4　権　限

　権限とは意思決定の内容と範囲を定めたものである。経営トップは最高の権限を有しているが，企業組織内で働く人々も何らかの権限を有している。経営トップがすべての意思決定を行い部下たちは命令に従うだけという経営スタイルは小規模の企業ならいざ知らず，大企業ではまず難しい。先にプログラム化はトップの負担を軽減する方法の1つと述べたが，意思決定をトップ以外の人間に任せていくことも負担軽減には必要である。

　組織内でどのように権限を割り当てていくべきかを考えるとき，まず集権と分権について考えることになる。集権とはトップを中心とする上位の階層で多

くの重要な意思決定を行い，下位の階層には重要度の低い意思決定を任せるというものである。分権とは下位の階層においても重要度の高い意思決定を行えるようにすることである。

　権限委譲とは，上位の階層の権限を下位の階層に委譲することであり，それまで上司が行っていた意思決定を部下がするようになるのは権限委譲の結果である。権限委譲が進むことは分権が進んでいくことである。これまで日本企業は一般にボトムアップ型の意思決定が行われてきたとされ，部下の提案を上司が承認していくかたちで決定がなされてきた。一方，アメリカ企業の意思決定はトップダウン型とされる。トップが経営目標や経営戦略を決定し，上位の階層で具体的な活動が決められる。下位階層である現場ではマニュアルが多用されて，現場の権限はかなり狭められている。トップダウン型の経営を行うアメリカ企業は日本と比べて集権的な組織を持つといえる。

　企業環境の変化が激しく複雑になると，トップマネジメントが対応しなければならない問題は増加し，その解決に費やす時間は著しく増加する。トップマネジメントがすべての問題について意思決定する集権的方式をとる場合に，組織の規模が拡大し，その管理が複雑になると，トップマネジメントが行う意思決定は膨大となる。トップマネジメントに大きな負担がかかり，経営課題を十分に検討する余裕がなくなり誤った意思決定が行われる可能性がでてくる。

　分権化によって，こうしたトップマネジメントの負担を緩和させ，企業全体に関わる戦略的課題に意思決定を集中させることができる。一方，下位階層の人員は，それぞれの現場で生じる課題に対して意思決定を行うことになる。下位階層の人員は現場の情勢に詳しく，現場から離れているトップマネジメントよりも的確な意思決定を行える可能性が高まる。また自ら裁量を持って決定できるので，下位階層の人員のやる気を高める効果を有している。

マックス・ウェーバーの官僚制組織

　マックス・ウェーバーは，効率的な組織として官僚制組織を挙げている。この組織形態には階層組織，プログラム化，そして権限関係の明確化がみられる。特徴をまとめると次の6つの点が挙げられる。
　① 官僚制的規則
　職務上の義務を分配し，同時にその義務を実行するのに必要な職務権限を分配する明確な規則が存在する。
　② 官僚制的階層
　上位者が下位者を一元的に支配し，命令する階層ができあがっていて，それに階層的な命令権限が存在する。
　③ 書類や文書による職務執行
　文書化されたものをベースに仕事が実行される。
　④ 専門的訓練を前提とした職務活動
　⑤ フルタイムで働く職員
　兼業しないことを前提に，職務の遂行に全労働力を要求する。
　⑥ 没人格的な職務遂行
　規則に従い，人間関係に左右されない。
　しかし，官僚制には次のような問題点が提起されている。マートン（Merton, 1968）は，規則の遵守それ自体が目的となってしまう問題点を指摘している。規則の遵守が目的になると従業員が形式ばかり重んじて融通のきかない行動をとるようになってしまう。グールドナー（Gouldner, 1954）は，石膏工場での出来事を次のように描写している。工場側は監督の仕方をきめ細かくし官僚制的な規則をしっかり定着させることによって，生産性をあげようとした。ところが，こうした規則の導入は，工員のやる気を失わせ，工場の業績が悪化してしまった。それがまた，よりきつい監督を招来するという逆機能的な悪循環をもたらした。官僚制

は従業員のやる気に悪影響を及ぼすことがある。

3. 組織構造の設計

3.1 企業組織と環境

　製品市場，部品・原材料市場，労働市場，そして金融・資本市場での取引を通じて企業は存続し成長していく。加えて，企業活動は国から規制も受けている。こうした市場での取引や国の規制は企業にとって，コントロールの難しい要因である。企業からみてコントロールの困難な要因が企業環境を構成している。企業環境との適合をスムーズに行えない企業には発展が望めない。

　環境が安定していて，大量生産のような技術の下で大規模な操業が行われるならば，官僚制が有効かもしれないが，環境の変化が激しく大量生産されにくい注文生産の場合には，官僚制組織はうまく働かないとされる。バーンズ・ストーカー（Burns and Stalker, 1961）は，エレクトロニクス開発企業15社とそれ以外の5社を比較した。そのなかで見いだされたことは，生産や市場が不安定になり，技術革新のペースが速くなると，タテの関係を中心として明確な分業を行う組織は有効に機能できなくなることであった。知識のある者が権限を持ち，柔軟なネットワーク型でつながった，ヨコの関係からなる有機的システムが，そのような新しい環境に適合していることも発見された。

　機械的組織は安定した環境のもとでの仕事に適し，有機的組織は不安定で変化に富む環境のもとでの仕事に適している。機械的そして有機的という言葉が使われているが，その背景には機械論対有機論の対立がある。19世紀から20世紀前半の科学の主流は還元主義であった。すべての現象や事物はそれを構成している諸要素に分解することができ，それらの要素を支配している法則を理解すれば，全体も把握できるというものである。機械はまさにいくつかの部品で構成され，その目的にかなうように組み立てられている。その意味で還元主義をよく表していた。一方，有機論は機械論を否定して，全体の性質は部分に

還元しきることはなく，部分の総和以上のものであるとした。そして有機論では各構成要素間の関係が変化することも指摘された。有機的組織では，環境の変化に対して要素間の関係の変化させて適応していくと考えられる。

ウッドワード（Woodward, 1980）は，生産技術と組織の関係にとくに注目した。技術を複雑性の低い順に，小ロット生産（注文生産），大ロット生産（大量生産），装置生産（石油精製工場など）の3つに分け，組織構造や組織運営との関係について調べている。大ロット生産では，バーンズらがいう機械的管理システムが採用され業績も高い。一方，小ロット生産と装置産業では，有機的管理システムが採用され業績も高い傾向が見いだされた。

注文生産は，個々の顧客の要望に応えて生産が行われるので，変化の激しい環境に対応する必要がある。バーンズ・ストーカーとウッドワードの結論が一致するのも納得できよう。また石油精製などの装置生産に従事する者は，労働者というより設備や装置のオペレータが多くなり，専門的技能の高いことが，有機的管理の行われる要因と思われる。注文生産と装置生産についてウッドワードは，労働者数や未熟練労働者の数が少ない点を指摘している。

3.2　組織構造の基本型：職能別組織と事業部制組織

(1)職能別組織の長所と短所

職能別組織の利点として次のものが挙げられる。同一職能の人員を一緒にグルーピングするので，専門化による知識や経験の蓄積が進むとともに規模の経済性が得られやすい。職能別に最適な方法を統一的に適用でき，資源の共通利用ができる。

欠点として次が考えられる。職能別バイアスが発生し，全体の製品やサービスより自己の職務に関心を持つようになる。過度の権限の集中が起こり，意思決定が遅延する。製品が多角化すると，製品別の条件適合的管理ができない。また，各部門の業績評価が困難になりやすい。

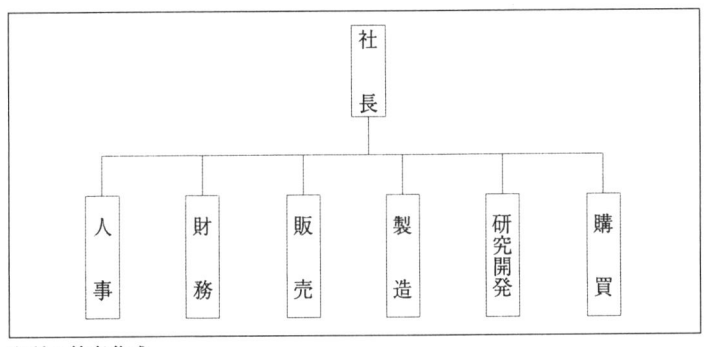

図表2－2　職能別組織

```
            社長
   ┌────┬────┬────┼────┬────┬────┐
  人事  財務  販売  製造  研究開発 購買
```

出所：筆者作成。

(2) 事業部制組織の長所と短所

　事業部制組織は製品別，顧客別，あるいは地域別で編成される複数の事業部で構成される。各事業部には開発，生産，販売の3つの基本機能が配置され，自己充足性を確保する。事業部制組織の利点は，主に製品別に業績評価が明確であり資源配分とコントロールが容易に行える。事業部ごとの柔軟性とイニシアチブを確保しながら，集権的な本社管理スタッフによる会社的戦略も追求できる。事業部長は総合的視野にたった意思決定ができる，などである。一方，欠点には，分権化による新しいセクショナリズムが発生し，事業部ごとの部分極大化が起こる。長期的成果よりも，短期的成果が先行する。スタッフその他資源の重複により組織スラックが増大する。組織内の同じ専門職相互のコミュニケーションが阻害される。その結果，事業部間で共通利用可能な資源や職能が分散される。事業部のすき間におちる，あるいは，またがるような製品への対応が難しいなどの問題が生じる。

　デュポン社は，第1次世界大戦中に急増した設備・人事の遊休化を避けるために経営多角化を進めた。アメリカの大企業の多くは産業の独占を目指して，当初はその事業を単一の産業に限定していた。デュポン社は，アメリカの大企業の経営多角化としては最も早い例の1つであった。

　第1次世界大戦に際して，膨大な軍事需要を受けて規模が急膨張するととも

に，巨額の利益を蓄積した。同社は大戦中に，生産設備を大増設し人員も膨張させた。戦後の遊休化を避けるために，新たに進出するべき事業分野を模索した。こうして同社は火薬，爆薬以外に，工業用化学薬品，塗料や染料，人造絹糸などの事業を営む多角化企業になった。

　同社は戦後の多角化された事業に対して，これまでの火薬と爆薬という単一製品事業のための職能別組織をそのまま活用していた。そこでは，製造部長の下に製品別の製造課長が並び，また販売部長の下にも製品別の販売体制が置かれていた。これでは製品別に生産活動と販売活動を調整し連携させることが困難になる。たとえば，塗料事業について，その生産と販売について責任を持つ部門はそれぞれに分かれているので，両者を調整してその事業で利益を上げる責任者は，企業トップである社長以外にいないことになってしまう。また，職能別組織の製造部長からしても，異なった技術や設備が利用される製品の製造をまとめて管理することは難しかった。同じことは販売部長にもいえた。染料などの多角化分野には，火薬とは異なる販売方法が工夫されるべきで，職能別組織ではそれができない。製品系列ごとにそれらの全活動を統括して，利益に

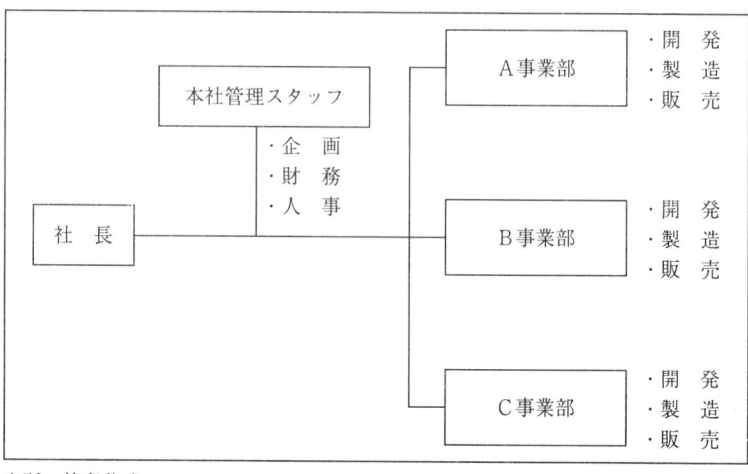

図表2－3　事業部制組織

```
                    ┌─────────────┐
                    │ 本社管理スタッフ │
                    └─────────────┘
                         ・企　画
                         ・財　務
                         ・人　事
```

（A事業部・B事業部・C事業部：開発・製造・販売）

出所：筆者作成。

責任を持つものがいなかった。

　一方，各事業部を設けることは，あたかも中小企業を複数つくるのと同じことであり，規模の経済と職能ごとの専門化が犠牲になるとの批判が社内にあった。

チャンドラー（Chandler, 1962）の研究：経営戦略と組織構造

　米国企業における事業部制組織の成立史を研究し，19世紀後半以降の企業成長を次の4つの階層に分類した。

　第1段階は，垂直統合戦略を通じた経営資源の蓄積期である。南北戦争以後，急速に増加した需要を満たすために，工場・設備・人員などの経営資源を大量に獲得し，次いで製品販路を確保するために自社の販売網をつくり，また基礎原材料を確保するために供給先を支配した。

　第2段階は，こうして拡大した経営資源を，能率的かつ有効に活用するための組織をつくる段階である。新しい組織は職能別部門組織と管理機構から構成され，各部門内部で諸資源を組織的に動員するとともに，市場需要の動きに合わせて製品の流れを調整し，各部門間の活動水準を決定できるようになった。

　第3段階は，多角化戦略を通じた新たな成長段階である。企業は，消費者の所得水準や技術の成熟等の理由で市場の限界に直面し，経営資源の転用や，より有益にそれらを運用できる新市場・新事業分野に進出していった。その結果，企業は新たな経営資源を獲得することで成長を続けることができた。しかし，それらの経営資源を能率的かつ有効に運用するには，職能部門別組織におけるコミュニケーション経路や権限責任関係を再編成する必要があった。

　そのため第4段階では，経営資源の運用の合理化とさらなる成長のための組織を革新していった。こうして多角化した製品－市場分野ごとに

事業部をつくるとともに，企業者的活動を担当する総合本社を持つ事業部制組織が登場したのである。

　チャンドラーは，1920年代以降において米国大企業の管理組織上の革新には共通のパターンがあることを発見した。そのパターンとは，企業が市場のニーズに対応して単一製品から複数製品を製造するにつれて，集権的職能別組織から分権的事業部制組織を採用するというものであった。このことは，組織は戦略に従うという言葉で表される。集権的職能別組織は通常社長の下に複数の職能別部門を持つ1階層の構造だが，分権的事業部制組織は本社と複数独立事業部（製品，地域，あるいは顧客別）からなる二階層の構造で，本社は事業部の業務を計画，調整，評価し，必要な人員，設備，資金を配分し，事業部は担当製品あるいは地域の業績と市場確保に責任を持つ。各事業部は原則として自己充足的であり，市場に独立して対応できるように最低限必要な製造，販売，管理部門を有している。

3.3　基本的組織構造を補完するための組織上の工夫

(1) 製品マネージャー制

　製品マネージャー制は，製品ごとに職能別の各部署を調整していく役目を果たす。上司からの命令と部下からの報告を通じた調整は，現代の組織構造の基本的メカニズムであり，分業による単純化と専門化の利益を最大限に発揮させようとするものである。しかし，他部署の仕事の調整は上司が行うが，離れた部署との調整は直属の上司ではなく現場から離れた上司の上司があたらねばならない。開発部門，生産部門，そして販売部門の間を調整できるのは企業トップになる場合もある。

　開発，生産，そして販売を緊密に連携させる工夫が製品マネージャーあるいは製品委員会である。緊密に連携させる必要性は，製品市場においてさまざまなニーズがあり，多様な製品を適宜投入しなければならないときに生じる。反対

に少数の種類の製品を長期にわたって提供するような場合には連携の必要性は小さくなる。

　経済活動の発展のなかで顧客のニーズは多様化し，さまざまな製品が要望されるようになるにつれて，職能別組織を採用しようと事業部制組織であろうと，そうした多様な製品への対応を企業は迫られていくことになる。製品マネジャーは，特定の製品を専門に担当し，その製品の開発，生産，そして販売のすべてに関与する者のことをいう。さまざまな製品を市場に投入する場合，同一の事業における製品であっても製品間で多様な違いが存在する。そうした違いに対処していくのが製品マネジャーの仕事である。製品マネジャー制をはじめたのは，トイレタリー事業で世界最大手のＰ＆Ｇ社だといわれている。

　製品マネジャーは通常スタッフ部門に属し，関連ライン部門に対して原則的には命令権限がない。製品マネジャーは職務の遂行にあたって権限の行使ではなく説得と交渉によって関連ライン部門の協力を得なければならない。製品マネジャー制がうまくいくには，各マネジャーの調整力と交渉力に依存するところが大きい。製品マネジャーにライン部門への命令権限がなく賞罰を与える権限もないとなると，製品マネジャーの意向を貫きとおすことは難しいように思われる。ただし，製品マネジャーになるには，当該製品に対する深い知識を持っていることが求められ，実力を評価されているからこそ指名される。ライン部門の各職能に従事する人々は，製品マネジャーに尊敬と憧れを持っていることが多い。

トヨタ自動車の開発部門の変遷

　日本における製品マネジャー制の源流をトヨタの主査制度にみることができる。

　それまでトヨタの開発体制は，エンジン，ボディーなどの機能別に分かれていた。そのなかでチーフエンジニア（CE）がデザイン，ボディー，

エンジンなど各部門に指示する。これが「パブリカ」「カローラ」など数々のヒット車を生み出した。「主査制度」とも呼ばれるものである。CEが全権を握るこの開発システムは，自動車業界のモデルにもなった。さらにCEがカバーする仕事の範囲は，開発にとどまらず生産や販売そしてサービスにまで及んでいった。

しかし，CEが3，4人の技術者に開発コンセプトを説明すれば済んだ60年代ならいざしらず，技術部門だけで1万2,000人にも膨らんだ巨大組織のなかで，30人以上の人間を相手に開発を進めなければならなくなると，話は違ってくる。CEの仕事の30％は調整業務となり開発本来の仕事よりも会議に追われるようになった。

そのため技術部門をFR（後輪駆動車），FF（前輪駆動車），商用車・RV，要素技術開発の4センターに分割，さらに管理部門は集約した。こうした方策によって，各センター内の技術的な共通性は高まり，製品間の差異に対処するというCEの仕事は軽減されるに至った。

(「儲かる車をつくる「乾いたタオルもいつかは湿る」開発・生産・販売すべてカイゼン」『日経ビジネス』1994年6月20日を参考にした)

(2) SBU（戦略事業単位）

企業が複数の事業に多角化する場合，事業部制組織を採用して市場の違いや必要な経営資源の違いに対処していく。各事業部には開発，生産，そして販売の基本職能が備わり，事業部長には大きな権限が付与されるので，事業部は自己充足的で独立的な運営が行われる。反対に各事業部の依存関係は弱まる。

自主的な運営が可能になることは，各市場の変化に素早く対応できるというメリットが得られる一方で，各事業部がそれぞれの最適化をめざしてしまい，企業全体の資源配分が効率的でなくなることがある。たとえば，テレビの見られるパソコンという製品，あるいはインターネットに接続できるテレビを考えてみよう。両方ともテレビとパソコンが合体した製品だから，テレビ事業部で

もパソコン事業部でも着想されやすい製品だろう。双方の事業部それぞれで開発を進め生産と販売をするという二重投資となってしまうかもしれないし，反対に両方とも技術ノウハウが不足だとして断念してしまうこともありうる。事業部の枠組みを超えた協力関係が得られれば最もよいが，事業部同士は元来相互依存しないようにデザインされているし，自らの業績を競い合う関係にあるので難しい面がある。

　SBUは全社的な面から効果的資源配分と業績評価を実施するための組織単位であり，事業部による独立的な運営のゆきすぎによって，企業全体の最適化が損なわれるのを防ぐ。SBUは従来の事業部制組織に重ねるようなかたちで企業トップによって設定される。担当する職能は開発と販売であり，生産職能は従来の事業部に委ねられることが多い。

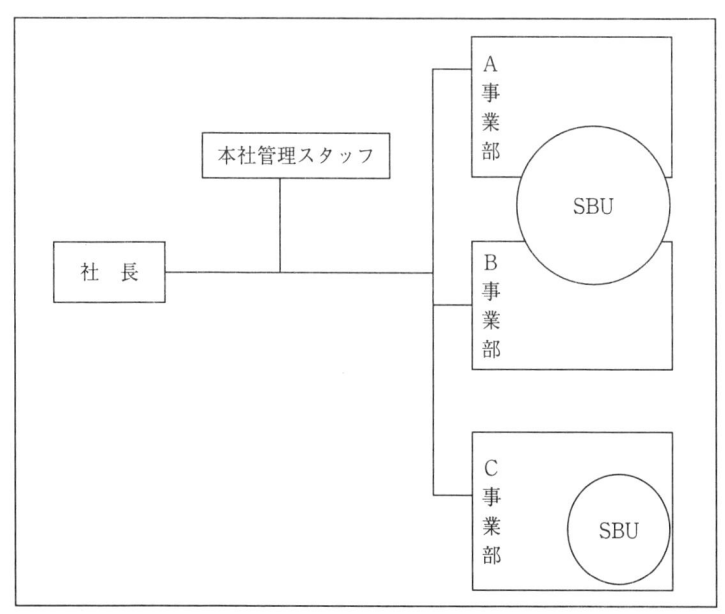

図表2－4　事業部制組織とSBUの関係

出所：筆者作成。

PPM（プロダクト・ポートフォリオ・マネジメント）は，多角化した企業の各事業の収益性と将来性をもとに資源配分を考える際に使われてきた分析手法である。全社的資源配分の最適化を図るためにSBUが設定された企業では，このSBUがPPM分析の対象となる。すなわち金のなる木，花形商品，問題児，負け犬に各SBUが類型化される。注意を払わねばならない点は，互いの依存関係を排した独立した運営ができるようにSBUを設定することである。そうでないと効果的な資源配分ができなくなる。

図表2－5　PPMとSBU

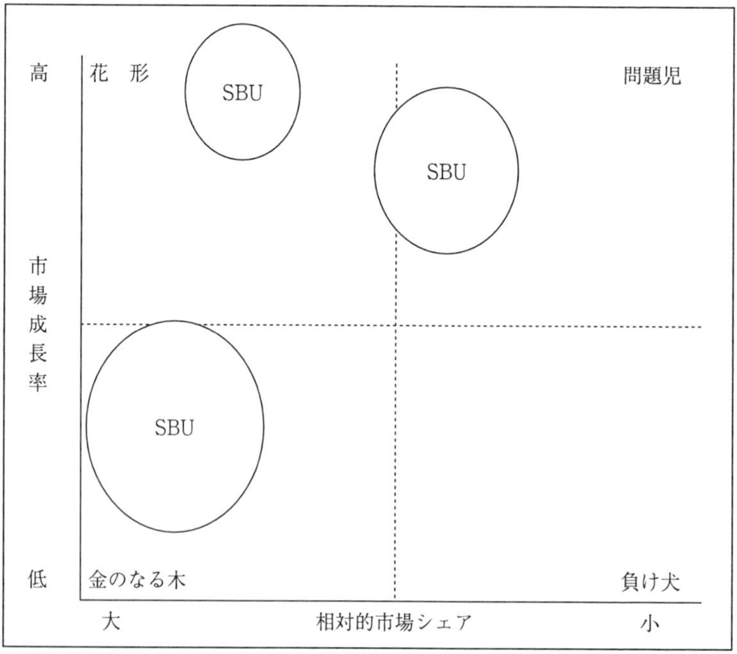

出所：筆者作成。

(3)プロジェクトチーム

プロジェクトチームとはある特定の問題を解決するために，期間を決めて臨時に編成される組織のことである。タスクフォースともいわれる。問題解決に向けて企業全体に散在している有能な人材を結集させるので，基本的にクロス・ファンクショナル（部門横断的）なチーム編成となる。1つの部門や部署からの人材だけだと，価値観やものの考え方が画一的となり情報や知識も似たり寄ったりになってしまい，有効な解決策が見いだせないことが多い。多様な人材を集めることで，こうした弊害を回避できる可能性が高まる。

実際例としてシャープの緊急プロジェクトチームがよく知られている。これは社長直轄の開発プロジェクトチームで，有望な商品や技術を開発する際に関連部門から横断的に選ばれたメンバーが知恵と技術を駆使して特徴のある商品を生み出している。左右開きの冷蔵庫をはじめ世界トップシェアの太陽電池などが生みだされた。

しかし，プロジェクトチームはあくまでも臨時の組織であり，メンバーは所属している部署の了解を得て参加している。優秀な人を出すかどうかは所属部署の上司の判断に依存している。

(4)マトリクス組織

職能別組織であれば，開発，生産，そして販売の基本職能ごとに部門化され，各職能は全社的に効率化されるが製品や地域の多様性には対応しにくい。一方，事業部制組織では，製品別あるいは地域別といった1つの基準をもとに形成されている。各事業部に基本職能がそれぞれ配置されることで，企業全体での職能の効率化が難しくなる。また製品事業部制組織なら各製品に適合した開発，生産，そして販売が優先的されていて，各地域の実情にあわせた地域的展開は二の次にならざるをえない。反対に地域事業部制組織であれば，地域別の展開が製品別の展開よりも優先される。

製品別と職能別あるいは製品別と地域別など，同時に満足させられるようにした組織構造がマトリクス組織である。複数のくくり方を満足させる組織なの

で魅力的なものに映るが，重大な問題点を有している。1人の部下に2人の上司が生じてしまい，命令の一元性という組織原則に反することになる点である。部下の立場からすれば，2人の上司の命令が矛盾した場合にどちらの命令を聞けばよいのかわからなくなる。そうなると，命令は実行に移されなくなり組織は混乱することになる。

マトリクス組織を採用したことで有名な企業に，ABB（アセア・ブラウン・ボベリ）社がある。地域別と事業別の2つの切り口で，マトリクス組織をつくり（136ヵ国×46事業），約5,000のプロフィット（利益）センターを設定した。地域別と事業別とで生じる矛盾を解決しやすいように組織の階層数を減らすなどの工夫をしたものの，経営が円滑に進まなかったために現在は廃止している。

マトリクス組織を公式には標榜していないが，その魅力的な効果を実質面で取り入れようという企業は少なくない。ある自動車メーカーではグローバル組織の運営に職能軸と地域軸によるマトリクス型の運営を導入している。職能軸は販売・マーケティング，商品企画，技術・開発・生産，購買，経理・財務，人事で構成され，所属の部門をグローバルに効率化することが目標となる。一方の地域軸は日本，北米，欧州，その他地域で構成され，所属の地域の収益拡大をめざす。2人の上司がいることを受け入れて，双方の目標にとって最適な解を考えて行動することを求めている。

米ディズニー社の世界戦略では，事業別と地域別の2軸でマトリクス型運営が行われている。映画，ビデオ，ストア，キャラクタービジネスなどの事業は，事業ごとに効率的なグローバル運営が行われていた。たとえば世界中で同一の映画を上映していくなどである。ただ，地域によって人気のあるキャラクターやストーリーは異なることがあるし，事業間の連携も不十分であった。そこで事業別の組織編成に地域別の編成を加え，マトリクス運営を実現しようとしている。

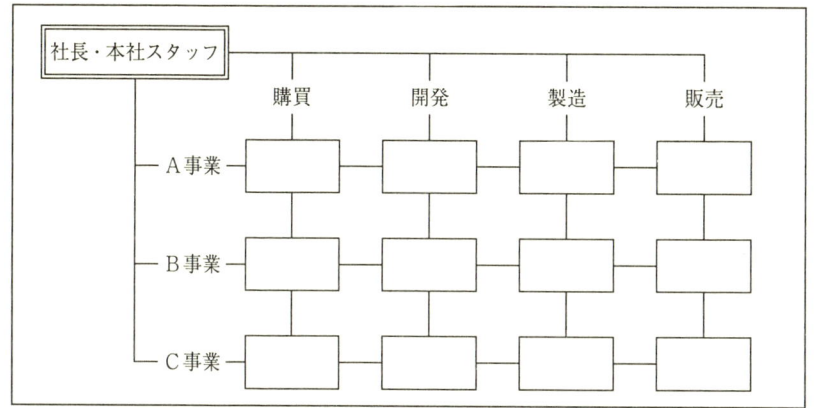

図表2-6　マトリクス組織

出所：筆者作成。

4. 組織構造と会社制度

　組織構造は，外部環境への適合と組織内部の効率を両立することが求められる。昨今の企業環境の劇的な変化は，組織構造の大改革を迫っている。ここでは，比較的新しい組織構造形態であるカンパニー制組織，持ち株会社制組織，そしてアメーバ組織について，それらが誕生した理由，メリット，デメリット，そして展望について考察する。

(1)カンパニー制組織

　事業部制組織と法律上の違いはなく，あくまでも運営上の違いがあるだけである。事業部制組織の各事業部の独立性をさらに高めた運営が行われる。具体的には各カンパニーに資産が割り当てられ，資本金や借入金も設定され，擬似的に貸借対照表がつくられる。このことから各カンパニーはインベストメント・センターとなる。

　ソニーが1994年に導入したカンパニー制は権限委譲による意思決定の迅速化をめざすものであった。昔のような画期的新製品の開発力を取り戻したいソ

ニーは，分権化と権限委譲を進めカンパニーという小規模な独立した責任単位を形成した。それによって迅速な意思決定を実現し，ユニークな製品開発力を回復しようとしたと考えられる。しかし，ソニーのカンパニー制は導入以来，何回か見直しが行われたものの結局廃止に至った。カンパニー制では事業部制よりも，各カンパニーの分権化が進み独立性が高い一方，インベストメントセンターとしての事業責任が強く追求される。各カンパニーの業績が所属メンバーの給与に反映され，人事考課にも直結する。そうなるとカンパニー同士はライバルになって，協力関係の維持は難しくなる。カンパニーごとに最適をめざすために，分権化のもたらす弊害である部分最適化に陥りやすい。

ソニーのカンパニー制

1994年　8カンパニー：権限と責任を明確にしたカンパニー（仮想独立法人）の創設

1998年　10カンパニー：共通部分（研究開発）は本部へ集約

1999年　ネットワークカンパニー制：それまでの10カンパニーを3つのグループに括り直し

2005年　カンパニー制の廃止を発表

　「かつてのように家電製品を個別に開発する時代ではなくなり，製品同士の結びつきが重視されるようになった」（ソニー）という反省に基づき，ソニーが導入の先駆けとなったカンパニー制の廃止にも踏み切った。コンシューマーエレクトロニクス部門の現行8カンパニー3事業組織体制を，テレビ，ビデオ，オーディオ，デジタルイメージングの4事業本部とVAIO事業部門に再編した。各事業本部・部門間で商品戦略や技術，マーケティングなどの横断的連携を強化するマトリクス的な組織を構築した。(「日本経済新聞」2007年8月27日朝刊の記事を参考にした)

(2) 持ち株会社制

　持ち株会社とは独占禁止法上，総資産に占める子会社株式の比重が50％を超える会社をいう（独禁法9条5項1号）。自らは事業をしないで他社の株式を保有し支配することを主な目的とする持ち株会社を純粋持ち株会社，自らも事業を行うとともに他社の株式を保有し支配するような会社を事業持ち株会社と呼ぶ。

　戦後長い間，純粋持ち株会社は認められていなかった。戦前の財閥は純粋持ち株会社制を採用していたが，その強大なグループ力を背景にして自由で公正な競争や取引を阻害した。そのため，独占禁止法は，財閥の再出現を阻止しようとして純粋持ち株会社を認めてこなかったのである。

　1997年になって純粋持ち株会社の設立が解禁された。純粋持ち株会社を設立するメリットとして以下のものが挙げられる。(1)事業の再構築が容易になること，(2)迅速な意思決定が可能になること，(3)事業責任が明確化されること，(4)人事制度を多様にできること，(5)人材育成に効果があること，である。

　事業の再構築が容易になるとは，グループ全体の視点で子会社の設立，取得，そして売却が実行しやすくなるということである。自らも事業を行う事業持株会社では，親会社の事業活動を中心に考える傾向がある。グループ全体を考えると新規事業への進出が最適な場合でも，その決定が親会社の本業の利益を損なうものであるなら実行できないことが多い。純粋持ち株会社は自社では事業を行わず，各子会社をグループ全体の戦略面から考えるので，こうした問題が生じにくい。

　事業の買収・売却は子会社の買収・売却のかたちをとる。事業単位は子会社であるが独立した法人であり，最も明確な形で事業責任が明らかになる。業績の悪化した場合には子会社の清算がありうる。また子会社は法的に独立しているので，人事制度は各子会社で適当なものにすることができてグループ全体で統一の必要はない。よって各子会社の給与体系の統合なども行う必要がない。人材育成に効果があるとは，独立した運営が行われる子会社のトップを経験することが，企業経営の能力を高める，いわば修行の場となることを意味している。企業トップには，以前に海外子会社のトップを務めた人が少なくない。

デメリットとしては、子会社自身の利益とグループ全体の利益が相反する可能性が挙げられる。子会社が独立色を強めてグループの方針に従わないことがありうる。本社の求心力が失われれば、グループがバラバラになる可能性は事業部制やカンパニー制の比ではない。よって経営資源のグループ全体での活用、子会社間の協力関係の維持に工夫を凝らさねばならない。

NTTグループでは純粋持ち株会社である日本電信電話(株)に、研究活動の機能を持たせていて、その結果として多くの研究所が本社のもとに置かれている。通信事業における競争で鍵を握る研究活動を本社が担うことで、研究面で子会社が親会社への依存を強めることを狙ったものといえるだろう。また優れた技術を特定の子会社に独り占めさせてしまうことがないようにした配慮でもある。

持ち株会社と関連法制度

株式交換と株式移転は、完全親子会社をつくるための制度である。ともに株主総会の特別決議での承認が要件となる。株式交換とは、既存の会社同士で親会社と完全子会社をつくるものである。親会社になる側の会社が株式を発行し、子会社になる側の株主が持つ株式と交換する。子会社側の株主は、親会社の株式を代わりに受けとることになる。

株式移転は、新たな会社を親会社として、既存の会社を完全子会社にするもので、既存の会社の株主は、新設された親会社に既存の会社株式を移転し、代わりに親会社の株式を受けとることになる。

2005年9月にセブンイレブンは、イトーヨーカ堂、デニーズジャパンと株式移転の方式によりセブン＆アイ・ホールディングスを設立している。そしてこのセブン＆アイ・ホールディングスは、2006年6月に西武百貨店とそごう百貨店からなるミレニアムリテイリングの株式をすべて取得し子会社とした。このときは株式交換の手法が使われている。

収益・費用・投資と各センター概念

・コストセンター

　コスト（費用）センターとは，コストだけが集計され，売り上げや収益は集計されない部門のことである。コストセンターでは，売り上げが集計されないために，部門の活動について同じ効果をできるだけ少ないコストで上げていくことが目標となる。職能別組織では各職能を担当する部門はコストセンターとなることが多い。工場をコストセンターとした場合コストダウンの追求が至上命題になり，製品数を極力減らし生産工程を単純化することが目標となることが多い。

・プロフィットセンター

　プロフィットセンターとは，収益と費用が集計される部門のことである。収益はなるべく多く，また費用はできる限り少なくすることが目標となる。経営参加意識を高める分社化の大きな流れのなかでは，各部門に損益責任を持たせる意味から，プロフィットセンターのほうが望ましい。事業部制組織の各事業部はプロフィットセンターだといえる。

・インベストメントセンター

　インベストメントセンターとは，各部門について利益に加えて投資額の効率性を測定するものをいう。損益計算書だけではなく，貸借対照表が作成されることとなり，投資の効率性を測る尺度としてROEやROAが使われる。カンパニー制ではインベストメントセンターが前提となるだろう。

(3) アメーバ組織

　京セラが初めて導入した経営手法にアメーバ経営がある。アメーバ経営は，俊敏さや柔軟性を保ちながら，企業全体の統合をめざすというユニークなもの

である。稲盛和夫によって創業されたばかりの京セラ（当時の社名は京都セラミック）は，大手の電機メーカー各社に自社製品を売り込もうと努力した。しかし，大手電機メーカーは京セラのつけた値段が高すぎるとして買ってはくれず，競争相手に注文をとられていた。稲盛氏は製品の値段は市場で決まるのは仕方がないとして，市場価格に対応した生産・販売体制を考え出した。

それがアメーバ経営であった。アメーバとは独立採算で事業活動を行う最小単位である。構成するメンバー数には特に制約はなく，7～8人が多いが30人を超える場合もあるし1人の場合さえある。環境変化に応じて1つのアメーバを2つに分けたり，反対に2つを1つにしたりと自由自在に形を変えることが原生生物のアメーバに似ていることから，アメーバ経営という言葉が生まれた。

アメーバはプロフィットセンターとして独立採算で運営されるところがポイントである。つまりアメーバごとに売り上げと費用が計上され，利益が算出される。各アメーバで売り上げがあるということは，買ってくれる顧客がいることになるが，それは社内で市場が形成されていることを意味する。仮に製造プロセスが3つの工程から構成されていて，完成品を営業部が製品市場で販売すること，そしてアメーバが3つの各工程そして営業部において形成されていることを仮定してみよう。

各アメーバは他のアメーバと売買を行う。本来の顧客に販売している営業部は，第3工程のアメーバから製品を引き受け，売れた場合には第3工程アメーバから仲介手数料をもらう。営業部アメーバの収入は，この仲介手数料であり販売費用を除いた部分が利益となる。第3工程アメーバは第2工程アメーバから半製品を仕入れる。製品の売値から仕入れ費と他経費を引いたものが第3工程アメーバの利益である。第2工程のアメーバにとっては，第1工程アメーバから半製品を仕入れる費用やその他の経費を，第3工程アメーバへの売り上げから引いた分が利益となる。社内市場での売買は社内売，社内買と呼ばれている。アメーバの間をモノが流れていくときには，原価ベースの引き渡しではなく，交渉によって取引価格が決まる。工程のそれぞれがアメーバとして独立していて，プロフィットセンターとして自分たちで利益を稼ぐことが求められる。

だからこそ，各アメーバは利益を上げるためにさまざまな試行錯誤を行う。製造アメーバは営業アメーバに対して顧客がどんな製品を求めているかを聞き出す。製造アメーバも開発部隊と連携しながら，どのような製品を提供できるかを考える。しかもアメーバ経営では，工程順序にしばられず，社内の別のアメーバと売買することも許されている。同じ加工ができるアメーバが2つ以上あれば，有利な条件を提示してきたアメーバに乗り換えることが可能である。また実際にはあまりないが社外取引さえもできることになっている。

　アメーバ経営では，アメ長と呼ばれる現場のリーダーに経営を任せることで，経営感覚を持った人材が育っている。リーダーはアメーバの目標を設定し，会議の場や日々の活動を通してメンバーとその目標を共有しながら，目標達成に向けて一丸となって進んでいく。小さいながらも独立した企業の経営を委されているのと同じである。

　三矢（2003, p.77）はアメーバ組織における利益のとらえ方を次のように説明する。利益は，売り上げと費用の差額である。一般的な利益計算では製造段階はコストだけが生じる。工程がすすむにつれて，コストがどんどん累計されていく。一方，アメーバ組織では次のようになるという。顧客からの受注金額はいったん，製造側に生産金額として計上される。そこから，顧客との仲介を行ってくれた営業に対して口銭が支払われる。営業口銭と販売費の差は営業の努力分として営業側の利益として扱われるが，生産金額から口銭と製造原価を引いた差額は製造側の利益となる。

　このように各アメーバが，それぞれ利益を追求するとなると部分最適化のリスクが高まるように思える。この点，アメーバ間の相互依存性はきわめて高く，緊密なコミュニケーションなしには各アメーバの業務遂行は成り立たない。むしろ緊密な関係があるために部分最適化行動を安易にとれないからこそ，アメーバ経営は効果的に機能するといえる。また京セラは理念経営でもよく知られている。会社全体のために働くべしという価値観が，従業員に定着していることが身勝手なアメーバをつくりださないことに貢献していると思われる。

> ### 時間あたり採算
>
> 　すべてのアメーバの採算性を測定する尺度が，時間あたり採算である。最初は各部門の生産金額を時間数で割った，時間あたり生産金額を使っていた。これだと業務間で不公平があるので，生産金額から材料費などを発生する費用を全部引いて時間で割るようになった。次式で計算される（三矢，2003，p.92）。
>
> 　総 出 荷＝社外出荷＋社内売
> 　総 生 産＝総出荷－社内買
> 　差引売上＝総生産－経費
> 　時間当たり採算＝差引売上÷総時間
>
> 　差引売上とはアメーバの儲けにあたるが，これは付加価値という概念に近いものである。なぜなら経費に人件費が含まれないからである。京セラでは人件費を含まない理由を人間尊重のためとしている。ただし会社全体平均の1時間あたりの賃率は示されているので，時間当たり採算と比較できる。

【注】

1) 特集　蝶理「京友禅を中国で守る」『日経ビジネス』2001年10月15日号。

【参考文献】

Burns, G. and G. M. Stalker, *The Management of Innovation*, Oxford University Press, 1961.
Chandler, A. D., *Strategy and structure: chapters in history of the industrial enterprise*, M.I.T. Press, 1962.
Gouldner, A. W., *Patterns of Industrial Bureaucracy*, Glencoe, Free Press, 1954.
印南一路『すぐれた組織の意思決定：組織をいかす戦略と政策』中央公論新社，1999。

石川貴之「ソニー株式会社のコーポレートガバナンス」『経営戦略研究』(大和総研) Vol.8, 春期号, 2006。
岸田民樹『現代経営組織論』有斐閣, 2005。
Merton, R. K., *Social theory and social structure*, New York, Free Press, 1968。
三矢　裕『アメーバ経営論：ミニ・プロフィットセンターのメカニズムと導入』東洋経済新報社, 2003。
Smith, A., *An Inquiry into the nature and causes of the Wealth of Nations,* 1776. (永田　洋監訳『国富論1～4』岩波書店, 2000)
Woodward, J. *Industrial Organization : theory and practice*, 2nd ed. Oxford University Press, 1980.

第3章
組織間関係：サプライチェーンのマネジメント

1. 組織間関係とは何か

　アパレル業界ではSPA（Specialty Store Retailer of Private Label Apparel：製造小売り）というビジネスモデルが広まってきている。日本のファーストリテイリング（ユニクロ），良品計画（無印良品），米国のGAPなどが採用しているもので，商品の企画や製造だけではなく，店舗を通じた消費者への販売を行っている。店舗を構えて店員を配して自ら売ることは，一見すると大きな費用要因になると思われる。店舗を用意するにも，店員を雇うにも費用がかかり，しかもそうした費用の多くは固定費になるからである。

　それにも関わらずSPAを採用する理由の1つに，最終顧客である消費者の需要動向に敏感でいられるということがある。アパレル業界は流行の変化が激しいので，市場の状況を素早く把握し，商品の開発や生産に反映することが求められる。近年の傾向として直営店舗網を積極拡大するアパレル各社は業績が良いのに対して，百貨店への依存が高いアパレル各社は業績を悪化させている。百貨店が売り場を管理する委託取引では，返品による過剰在庫をアパレル会社は抱え込みやすい。SPAを採用する企業は自社店舗を展開することで市場の変化を読みとっている。売れ行きが不振となった場合のリスクは高まるが，市場から得た情報を武器にこうしたリスクを軽減しようとする。

　これとは反対にアウトソーシング（outsourcing）という経営手法は，社内で行っていた業務を，外部の企業と契約して行うことである。短期的な外注と異なり，長期的な契約に基づいて業務を遂行することが多い。売り上げの予期せ

ぬ減少という厳しい経営環境のもとで利益を確保するために，部品を外注したり生産を外部の工場に委託したりすることが求められる。自社にとってコアとなる業務は自ら実行するが，そうでないものは外部に委託し，変動費の割合を増加させる。アウトソーシングの活用は，固定費を抑え変動費比率を高める有効な手段である。これによって設備投資や資金調達の時間を短縮するとともに，売り上げの増減に対応している。

　組織は存続と成長に必要な資源をすべて保有しているわけではなく，必要とする資源を組織外から獲得しなければならない。フェファーとサランシック (Pfeffer and Salancik, 1978)，そしてオールドリッチとフェファー (Aldrich and Pfeffer, 1976) らは，あらゆる組織にとって，外部の組織との間で資源のやりとりが欠かせないとの立場をとり資源依存理論を唱えた。この理論は組織が他組織から影響を受けることを前提として，戦略的対応の必要性を示唆し，とくに次の2つの点を考察している。①組織間の力関係が組織に与える影響はどのようなものか，②資源を獲得するために，どのようにして他の組織との関係を管理していくか，である。

　日本の自動車メーカーなどの大規模製造企業であっても，流通段階を完全に統合してしまわずに，系列という中間組織形態を採用することが多いのは，この点が関連している。新車の開発失敗にともなう売れ行き不振への対応，ディーラーによる小売りレベルでの需要や価格の変動の吸収といった点を考慮し統合に積極的ではない。つまり統合しないことによるリスク負担の分散化である。アパレル業界のメーカーや卸のすべてが先に述べたSPAを採用しているわけではない。自らは製造や卸に専念し，消費者への販売はデパートその他の小売店に任せるところも数多い。需要変動のリスクにどのように対処するかを考えた結果である。自社が行う業務の範囲をどこまでにするかを考えることは，Make or Buy（自社に統合するか，あるいは他社に任せるか）を判断することである。

　自動車業界は，アセンブラーといわれる組み立てを行う自動車メーカーが中心になっているが，その川上には，そうしたアセンブラーに必要な部品を提供する多くの自動車部品メーカーがいる。他にも鉄鋼メーカーや電機メーカー，

あるいは化学メーカーからも原材料や部品の提供を受けている。一方，先に述べたように川下にはディーラーといわれる自動車販売会社がいる。自動車メーカーは，こうした川上や川下の企業と売買の関係を有している。また，自社みずから部品を製造し，販売会社を直営する場合もある。

2. 市場か組織かの選択理由

2.1 取引コストの面からの考察

　他の組織との取引には費用がかかるという視点から組織間関係を考察するのは取引コスト理論である。コース（Coase, 1937）やウイリアムソン（Williamson, 1975）らの研究によって発展してきたものである。取引コストとは，市場で行われる取引を成立させるために必要な人的資源，時間，その他の費用などを総称した，市場での取引に向けた情報の獲得にかかるコストである。この理論によると，取引をする際には，次の4つのコストが発生するとされる。

① 取引先を探すのにかかる探索費用
② お互いに情報交換して取引を成立させるための交渉費用
③ 契約したとおりに取引が行われたかをチェックする監視費用
④ 関係特殊な投資に関係する費用

　こうした取引コストの高い場合，外部の取引先を利用しないで，企業内部の活動にしたほうが効率的となる。原則として，取引コストが高ければ内部に統合すべきであるし，逆に取引コストが低ければ，外部の業者との取引を利用したほうがよい。

　ある経済的な取引が経済的に価値を持ち，内部の活動とすることができないとき，企業はその取引コストを可能な限り最小化しようとする。多くの経済取引において，その取引から得る利益を実現するために企業は互いに協力しようとする一方で，自社の利益を追求するあまり，場合によっては相手を騙したり欠陥をごまかしたりするインセンティブも働いている。ウイリアムソンは，これを機会主義の脅威（threat at opportunism）と呼ぶ。取引主体がもう一方の取

引主体の弱みに乗じて利益を拡大しようとするときに,機会主義的行動が顕在化する。

　機会主義的行動が出現しやすい状況の1つは,当事者の一方にみられる情報や知識の不足(偏在)である。例としてアメリカの中古車市場が挙げられる。アメリカの中古車販売業者には不誠実なところが少なくなく,なかにはオンボロの車を優良車として売るケースもあるという。お客の側は,車についての知識が乏しい場合が多いので,オンボロ車と見破れずに買わされてしまう。

　もう1つの状況は取引相手への依存である。取引相手が限られていて代わりがないとき,取引を成立させるためには相手への依存が生じてしまう。国内の自転車市場は海外からの輸入が多く,供給過剰が続いて自転車組み立てメーカーは収益面で苦戦を強いられている。ところが自転車の部品のいくつかについては9割のシェアを有する部品メーカーが存在し,組み立てメーカー各社は,当該部品メーカーに取引上依存する関係が続いている。その結果,その部品メーカーは組み立てメーカーに対して強い交渉力を有し,高い収益性を維持している。売上高日本一を競う家電量販店がメーカーに対して大きな仕入れ値引きを要求できるのも,その販売力の大きさのおかげである。

　また取引相手にとって関係特殊的な資産に投資することは,相手の機会主義的行動を被りやすくなる。関係特殊的な資産は汎用性のある資産と異なり転活用が難しいので,他の企業では同程度に役に立つことは少なく,特定の取引相手にとってのみ価値があるといえる。このような資産に投資してしまうと,他の企業へ使い回すことができないので,投資の回収のために取引相手のさまざまな要求を拒めなくなる。

　取引相手による機会主義的行動を回避できずに取引コストが大きくなると,必要な資源を取引によって獲得するのではなく,自社内に統合する道を選ぶ場合が多くなる。同じ製品に関連する異なる生産段階や流通段階を統合することを一般に垂直統合と呼び,前方統合(川下統合)と後方統合(川上統合)とに区別される。

2.2 最適生産規模の面からの考察

　連携性の高い活動を企業内に統合することは一般に望ましいが，活動間で最適規模の格差がある場合，統合は選択されないことが多い。つまり2つの活動間で，コスト構造が異なるとき，最適生産規模が異なるので両活動を同一企業内に統合することは難しくなる（図表3－1）。

　この考え方から自動車メーカーが大量の鋼板を利用しながらも内製化しない理由を説明することができる。自動車メーカーが使用する鋼板の量では最適生産量に達しないためである。液晶テレビを製造する家電メーカーが液晶パネルの製造から撤退するのも同じ理由である。自社で使う分だけを製造していたのでは規模の経済が活かせず，パネルの原価が下げられないためである。

　また，市場のライフサイクルの面から次のことがいえる。垂直的に接している活動，たとえば部品の生産を統合するかどうかは，市場規模に依存する。市場規模が小さいときには，その部品や原材料の生産量が最適規模に達すること

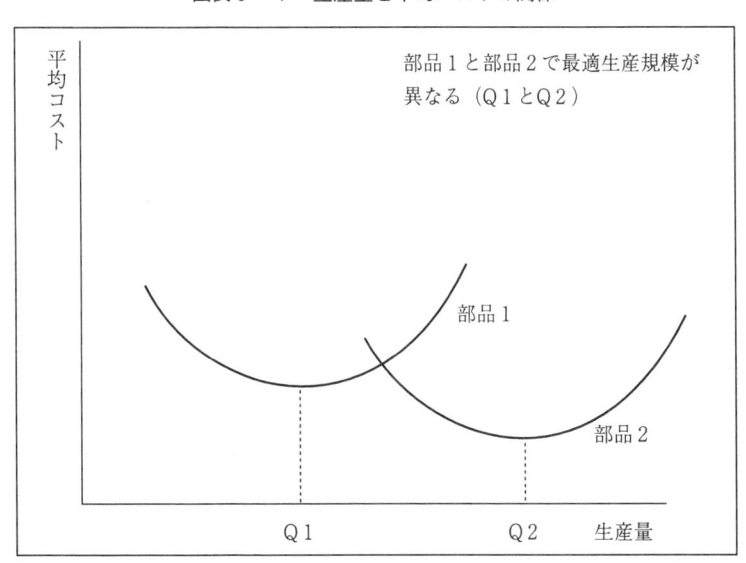

図表3－1　生産量と平均コストの関係

出所：筆者作成。

ができない。そうなると、これら部品や原材料の生産を引き受けてくれる企業はいないので、みずから生産する必要がある。そのうち、市場規模が拡大するにつれて、部品や原材料への需要も拡大し、専門に生産してくれる企業が出現してくる。つまり最適規模での生産が可能になったということである。その後、産業が衰退期に入り需要が縮小すると、専門企業に外注することが困難になり、その活動は再統合する必要が出てくる。

2.3 固定費増大の面からの考察

　統合するとはメーカーであれば、購入していた部品や原材料をみずから製造したり（川上統合）、これまでの販売相手である卸や小売りの活動をみずから行う（川下統合）ことである。統合は他社との取引を通じてではなくみずから行うわけだから固定費の増大を招く。固定費と変動費は一般にトレードオフの関係にあり、固定費が増えると変動費は減少する。

　統合によって固定費が大きく変動費が少ない費用構造になると、そうでない場合に比べて大きな売り上げを確保できないと損益分岐点に達することが難しくなる。固定費の削減と変動費の削減は売り上げが変化しなければ、その影響は変わらない。売り上げが減少してくると、固定費削減のほうが効果が大きくなり、逆に売り上げが増加してくると、変動費の削減のほうが効果が出てくる。したがって、売り上げ予測が難しい場合には、売り上げ減少の場合のリスクを極力減らすという面から固定費削減を重視すべきことになる。売り上げの変動が大きい場合、企業は統合しないことを選択する。

　固定費と変動費の増減がどのような影響をもたらすかについては、新しい設備の工場と古い設備の工場を考えてみればよくわかる（図表3－2）。新しいほうは生産効率が高く生産に関わるコストは低くてすむが、減価償却費は固定費として生産数量に関わりなく計上しなければならない。つまり固定費は大きく変動費は少ない。古いほうは効率が悪く変動費はかさむが、減価償却がすでに終わっているなら固定費は少なくなる。

　実際には変動費と固定費を正確に区別することは難しい。日本企業の人件費

図表3－2　固定費と変動費

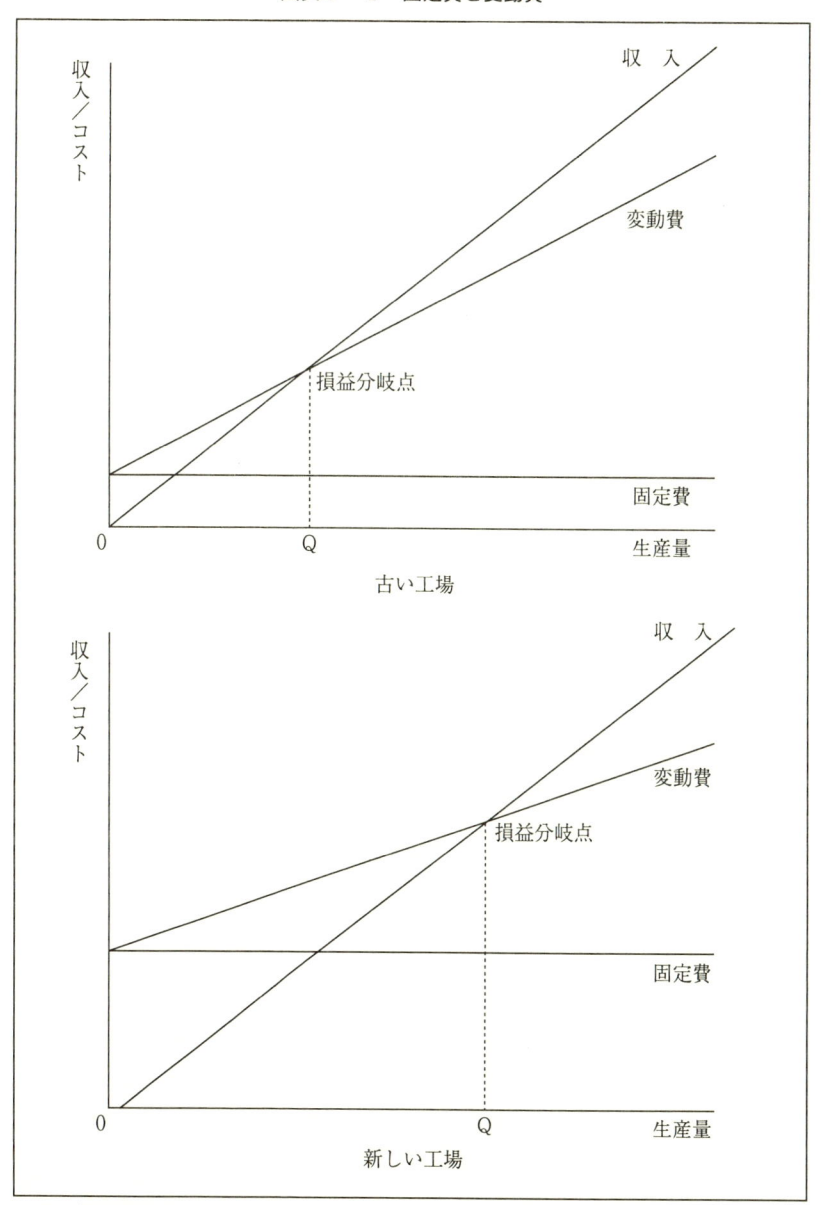

（古い工場）

（新しい工場）

出所：筆者作成。

については，ボーナスや残業代は変動費に近いと考えられるが，通常の給与は固定費に近い。損益分岐点分析は変動費と固定費が基礎になっているので，この区別しだいで結果が異なってくる。

分析方法として広く用いられているものは，勘定科目法である。勘定科目別に変動費か固定費か決めていく方法である。しかしながら勘定科目によっては，変動費と固定費の双方の要素が混ざり合っている場合も多い。ある程度の割り切りをもって両者を区別していくことになる。

2.4　コンピタンスの面からの考察

コンピタンスは中核能力と訳され，競合企業への競争優位を獲得し維持するために欠かせないものである。容易に他社からの模倣を許さない差別化が実現される際の源泉となる。自社のコンピタンスに関わる活動を他社にまかせてしまうと，他社によってそのコンピタンスが獲得されてしまい優位性が失われる。コンピタンスに関係する活動は自社内に統合するべきである。

ガソリン価格の高騰のなかで，ハイブリッドカーのプリウスの大幅増産をトヨタ自動車ができなかった理由の1つに，このコンピタンスへの配慮があるようである。大幅増産に踏み切れなかったのは，ハイブリッド車の心臓部分である「ニッケル水素バッテリー」などの電子部品が，技術的理由で量産が困難となったからだといわれている。流出を防ぐためにこれらの中核部品を原則として内部生産して外注を避けていたという。

家電業界のみならず多くの業界では製品の機能を高めるために，ICチップの役割が大きくなっている。よって独自にICを開発し製造することはコアコンピタンスを生みだし維持する上で大切である。しかしICの製造工場を造るには莫大な資金が必要となるので，みずから行うのは大変である。そこで自社の製品にとって重要な部分のみを，コンピタンスとして自社で行うことが選択される。たとえばICの回路設計は自社でやることにし，実際のICの生産等は他社に任せるなどの方策をとる。

2.5　川下統合に関わる考察

　アパレル業界のSPAではみずから店舗を運営する。こうした川下統合を実施する際には従来の顧客との軋轢という問題が発生する。つまり川下統合は従来の顧客の仕事を奪うことであり，反発を受ける可能性がある。アメリカにおけるペプシの次のような事例がある。スライウォツキーとモリソン（Slywotzky and Morrison, 1997, 邦訳 p.149）によると，1977年までにペプシは国内スーパーマーケットでの販売量でコークに追いついた。全体の市場シェアではまだ差があったペプシが次なる策として開始したのが，スナック食品やレストラン事業への積極的な進出であった。ピザハット，タコベル，ケンタッキー・フライドチキンなどのレストラン・チェーンを買収し，ファウンテン（レストランなどに置かれている清涼飲料水の供給装置）を確保することで，レストランでのペプシの売り上げを増大させようとした。

　この展開はペプシに新しい販路を提供したが，予期せざる不利益ももたらした。レストラン市場への参入によって，自社の大口ファウンテン顧客とのライバル関係が生まれたことである。ペプシを売っていたバーガーキング，ウエンディーズなどにとって清涼飲料メーカーのペプシが競争相手になった。これらの店舗ではペプシ製品は置かれなくなってしまった。ハンバーガー業界では，業界トップのマクドナルドに続き，2位と3位の企業もペプシを置かずコカ・コーラ製品だけを扱うことになった。

3.　取引依存度の管理

3.1　中間組織

　統合（Make）あるいは市場（Buy）のどちらかを必ずしも選択する必要はない。取引相手による機会主義的行動を抑制することで，市場を介して必要十分な資源を獲得し利用できる場合がある。独立した企業間の関係でありながら，相手企業を取引関係のなかで自社に依存させている中間組織と呼ばれる場合である。

中間組織は市場と組織を組み合わせた存在だといえる。日本の産業界で広く慣行として行われてきた系列はその1つである。系列取引では，中核となる企業による買い手独占あるいは売り手独占に近い状況が実現されている。自動車産業はその典型で，もっぱらトヨタ自動車のみに部品を供給する部品メーカーがある一方，トヨタ製自動車のみを扱う自動車販売会社がある。このような部品メーカーや販売会社は系列関係にあるとされ，中核企業が主たる取引相手となる。中核企業の意向に従わない場合は取引停止になることも想定され，そうなれば経営的に非常に苦しくなるので，中核企業の要求を聞かざるをえない。もちろん，中核企業も系列企業に対して資金面や人材面で支援を行う。

　こうした系列取引には批判がある。系列にない企業を取引から閉め出す傾向があるためである。とくに海外企業による日本進出の阻害要因としてやり玉にあがったことがある。

　日本の系列取引だけではなく，取引依存度を自社に有利にすることは追求されるべき理想である。パソコンが普及していく時期にはWintelによる世界標準などとよくいわれた。Wintelとは，OSのWindowsを提供するマイクロソフト社とパソコン基幹部品CPUを提供するインテル社を意味する。パソコン各社は，IBMが開発し公開した基本設計をもとに自社製品を製造していた（IBM互換パソコンとWintel参照）。

　IBMの基本設計ではマイクロソフトのOSとインテルのCPUを使うことになっていたので，両社の製品がないとパソコンを組み立てられなくなった。つまりパソコンメーカー各社のマイクロソフトとインテルへの取引依存が生じた。各メーカーの販売するパソコン本体には，マイクロソフトやインテルのシールが貼られている。これらはWintel側の要望で貼られているものであり，そこに依存関係の一端をみることができる。パソコンメーカー側もこうした依存関係に甘んじているわけではない。LINUXという新しいOSやAMD社のCPUを採用するなどして依存を弱めようとしている。

第3章 組織間関係：サプライチェーンのマネジメント ○——— 75

図表3－3　取引依存度の管理　中間組織（系列／下請け）の管理

売り手S1の買い手B1に対する販売依存度
　　　＝S1のB1への販売額／S1の総販売額
買い手B1の売り手S1に対する仕入れ依存度
　　　＝B1のS1からの仕入れ額／B1の総仕入れ額
相対的依存度＝仕入れ依存度／販売依存度

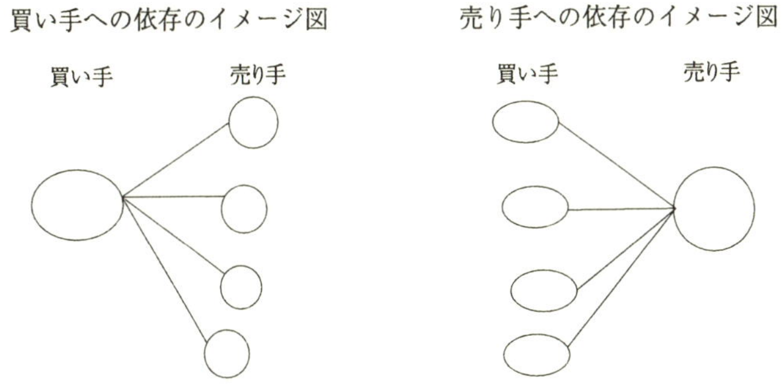

買い手への依存のイメージ図　　　売り手への依存のイメージ図
　買い手　　売り手　　　　　　　買い手　　売り手

出所：筆者作成。

IBM互換パソコンとWintel

　1980年代はじめ，パソコン市場の拡大をみてIBMは急いで市場参入を図った。当時はアップル社製のパソコンであるマッキントッシュの市場シェアが大きかった。アップル社のシェアを奪い取らない限り成功を見いだせなかったIBMは，ソフトの普及こそ成功の鍵だとみた。コンピュータはソフトがなければタダの箱なのであって，IBMが開発するパソコンにもソフトが十分に提供されていることが不可欠であった。そのためにはソフトウエア開発会社にIBMパソコン向けのソフトを開発してもらうことが必要であった。

　IBMが採った策は，仲間づくりだった。他のメーカーにもIBMと同規格のパソコンを生産販売させて数多く普及させれば，ソフトメーカー

もそれに呼応してソフトを作ってくれると考えた。この狙いはあたり，ソフトの種類は増えIBM規格のパソコンはシェアを拡大した。IBM規格ではマイクロソフトのOS（基本ソフト）とインテルのCPU（中央演算処理装置）を使うことになっていた。IBM規格のパソコンを製造する企業のほとんどは，マイクロソフトとインテルに取引上で依存する形になった。

仲間づくりの戦略はIBMにとって不都合な状況も生みだした。仲間づくり作戦はライバルづくりでもあったのだ。同じ規格のパソコンを作るメーカー同士の競争のなかでIBMは埋没していった。2004年12月，IBMは同社のパソコン事業部を中国のメーカーのレノボ（Lenovo）に，12億5千万ドルで売却すると発表した。

3.2 情報のコントロール

ある大手健康食品会社は，生産のほとんどを下請けメーカーに依頼している。多品種を自社で生産するとなると，多様な設備が必要となり，減価償却費がコストに跳ね返る。他社でも扱う一般的な商品ほど下請けメーカー間の競争原理が働き発注価格を抑えやすくなる。複数の企業が生産する商品なら，複社発注が可能になる。複社発注を可能にするのは，同一の製品を生産できる企業が複数存在していることである。この会社の他社にはない特徴は，原料の買い付けをみずから行う点である。発注者が原料価格を把握しているので，下請けメーカーも大きな利幅をとれない。つまり健康食品会社にとって情報の非対称性がなくなる。その一方で大量に原料を仕入れることによって原料調達面での規模の経済を実現させている。

上記の例では，情報のコントロールをきめ細かく行って，情報の偏在を減らすことに努力している。情報の偏在があると取引相手の機会主義的行動が助長されるからである。自動車メーカーとくにトヨタ自動車は，こうした情報のコントロールを用いて組織間関係を上手く管理していることで知られている。

トヨタ自動車は「ジャスト・イン・タイム方式」を採用していて，必要なときに必要な部品を調達している。部品メーカーの協力がなければ，こうしたやり方はできないので，協力を引き出すさまざまな工夫をしている。なかでも複社発注は中間組織の維持に大きく役立っている。複社発注とは1つの種類の部品を複数の部品メーカーに発注することである。複社発注を行う理由は2つである。まず，ある供給元が事故のために突然納入を停止した場合に備えて，他の供給元を確保しておくためである。もう1つは，部品メーカー間に競争圧力を加えることによって，価格と品質の両面で努力させている。

　トヨタによる情報のコントロールのユニークな手法は貸与図と承認図の利用である。部品の生産にあたって，トヨタの方が部品の設計を行い，部品メーカーに設計図を貸し出して製造させる場合に，この設計図を貸与図と呼ぶ。貸与図による部品生産が行われる場合には，その部品メーカーは部品の開発はせずに製造サービスを提供していることになる。トヨタによる仕様書をもとに，部品メーカーが開発し，その設計図をトヨタに提出し承認を得る場合，この設計図を承認図という。

　承認図を提出させることでトヨタは，当該部品についてのみずからの知識を向上させる。どのような材料を使い，どういったメカニズムを持っているのか，生産費用はどれくらいか，などの情報を得る。こういったことがわからなくなると部品メーカー側の交渉力を強くしてしまう。反対に，貸与図を示すことでトヨタは，当該部品をつくるのに必要な知識や情報を部品メーカー側に教えていることになる。大まかにいえばトヨタは承認図を通して学習し，貸与図を通じて教育を行っているのである。複数のどの部品メーカーも水準に達した製品を作れるようにしておかないと複社発注は成立しない。部品メーカー1社だけが技術面で突出してしまうと，トヨタはその部品メーカーに依存せざるを得なくなる。また，トヨタが部品の一部内製化をしている点も見逃せない。必要な数量と比べればほんのわずかであるが，自社で生産してみることで技術や費用に関する情報を入手できる。

　ただし複社発注方式にはデメリットもある。その1つは部品メーカーにとっ

て規模の経済の実現が難しくなる点である。1社に全量を生産させれば，大量生産によって単位あたりコストを減らすことが可能になる。複数の企業に発注を分散すれば，1社あたりの生産量は減少し規模の経済が得られにくい。トヨタのように乗用車でトップシェアを確保しているのなら，部品の必要量は大きく複社発注しても1社あたりの生産量はそれほど少なくならない。しかし，シェアの低い組み立てメーカーが複社発注をすれば，規模の"不経済"に見舞われ割高の部品を購入することになる。カルロス・ゴーンが日産自動車を再建する過程で，複社発注をやめて入札による1社発注にしたのは，こうした理由が大きい。もちろん1社発注を行えば複社発注のメリットがなくなることは言うまでもない。

トヨタ生産方式

生産ラインにおいて各工程の調整の負担を軽減する1つの方法は，部分と部分の間に緩衝在庫を置くことである。前の工程の作業が遅れている間は，緩衝在庫を取り崩して作業を進めているので，どの部分でも作業は継続されている。この方式では，仕事待ちで休むことがないので，効率的にみえる。しかし，すべての部分が同じ効率で作業を進めることは保証されていない。

トヨタの工場では工程の間に緩衝在庫を置かないという考えに立っている。工場のなかの物の流れは，前工程で加工の終わった物を後工程に届けるのが常識的な引き継ぎだが，ここでは発想を逆転させて，「後工程が前工程に，必要なものを必要なとき必要なだけ引き取りに行く」というジャスト・イン・タイム方式がとられる。前工程は引き取られた分だけ作ればよい。その引き取られた分を明示するのが，「かんばん」と呼ばれるカードである。

トヨタ生産方式の考え方は，大量生産の常識を破る画期的なもので

あった。生産の平準化という考え方がある。大ロットで生産したほうが，規模の経済が働いてコストが低くなるという常識に対して，小ロット生産のほうが，他の部分と生産量の平準化はとれやすくなり，コストが低くなるというものである。

　大量生産を追求していた時代には，効率化の原理は規模の経済以外にないと考えられていたが，ジャスト・イン・タイム方式はスピードの経済を追求している。すなわち在庫が減れば，生産や管理にかかるコストは減少するし，在庫がないと故障などの問題がかえって発見しやすくなり抜本的解決が図られやすくなる。

　以上のようなトヨタによる部品メーカーの管理のなかで，トヨタへの依存を弱め独立色を強めている企業があることは興味深い。たとえばデンソー（旧社名：日本電装）である。1949年にトヨタから分離独立した電装部品の企業で，1968年に電子事業部を置き70年にはICの社内生産をはじめた。自動車のエレクトロニクス化が進むなかで燃料噴射装置やエンジン制御ユニットで技術的評価を高めていった。今ではトヨタの購買担当役員にデンソーとの取引交渉が最も難しいと言わしめるほどの技術力を身につけている。デンソー以外の企業に同程度に優れた製品を生産させることが難しくなれば，トヨタといえどもデンソーへの依存を強めないわけにいかない。反対にデンソーはトヨタ以外の自動車メーカーとの取引を増やしている。

　取引相手を自社に依存させ，自社は取引相手には依存しないようにすることが，組織間関係構築の基本といえる。デンソーのケースは電子技術面での優位を背景にしてトヨタとの取引関係を自社にとって有利なほうへと変えてきている。デンソーのように本業において有利な取引依存関係を実現できないのであれば，多角化し本業以外の分野での実現をめざすことも考えられる。

　大手合繊メーカーの生地の染色を請け負う事業を本業としていたセーレンは，多角化を推し進めた結果，従来の主力事業であった染色事業が現在占める割合

は売上高の15%にすぎない。現在の事業構成では自動車内装材が最大となり40%を超えている。同社にとってカーシート事業への進出が大きな契機となった。染色加工技術などの生地への加工が中核技術であった同社は，この技術を他のビジネスに転用できないかを考え，それまでビニール製のカーシートがほとんどだったところへ布製カーシートを提案した。布製シートの高級感を訴求するとともに，布製でも耐久性に問題ないことを自動車メーカーに認めさせ採用に至った。染色事業とはまったく異なる分野なので，繊維メーカー系列の染色各社はセーレンに追随しにくい一方，シートメーカーは布製を扱う技術力がないところに目をつけた[1]。

B to B の部品調達の将来

　日本国内では閉鎖型の系列関係が部品調達において中心的な役割を果たしてきた。それに対して米国や欧州の完成車メーカーは以前から開放型の調達志向が強い。ITの発展にともなって実現された電子商取引は，どのような影響を与えるだろうか。4万社の部品メーカーとのネット取引をめざすコビシント（Covisint）の動向が注目された。米国のGMとフォードはコビシントによって，原材料と組み立て前部品の調達で年間2,500億ドルの経費節減が可能だと推定していた。部品調達システムはB（Business）to B（Business）取引であり潜在市場は膨大である。

　コビシントのコスト削減効果は絶大のようにみえるが問題も多かった。コビシントのネットワークの特徴は，現在のところ，誰でも参加できる無限定型のネットワークであり，そこで扱われる部品はコモディティ化した標準品の分野が中心になる。カタログやオークション方式で手に入る部品では，完成車に競争優位を与える特徴づくりが難しい。カスタムメイドの設計部品は無限定型の電子商取引には適さないので，コビシントがカスタム部品を取り扱える仕組み作りをしない限り，完成車メー

カーの重要なパートナーになることは困難であった。このように共通仕様部品が敬遠されたことや，ITバブル崩壊などのあおりで業績が低迷している。

（「日経産業新聞」2004年2月10日の記事を参考にした。）

3.3 協力関係の維持

　日本企業の間には長期的取引慣行があることが指摘されてきたが，長期の関係と短期の関係では協力関係にどのような違いがあるのかについてゲーム理論を用いて考えてみる。

　取引関係にある企業同士が，さまざまな協力を行うことで，互いに成果を上げているケースは多い。コンビニとメーカーで情報交換を行い，欠品や過剰在庫を減らす取り組みや，完成品組み立てメーカーと部品メーカーとの間で部品の共同開発を行うなどである。しかし，こうした協力関係のなかでは，企業にとって機密といえる情報がやりとりされる場合が多く，そうした情報が漏洩するリスクは小さくない。協力は大きな成果を生みだす一方で，マイナス面も抱えている。協力には信頼関係の醸成が不可欠といえるだろう。

　2つの企業，A社とB社が取引を行う際の対応として「相手に協力する」「相手を裏切る」の2つの選択肢があるとする。こうした企業の対応の組み合わせと各社の利得を図表3－4のように仮定する。

　A社の利得について不等号を使って整理すると，

　裏切り・協力＞協力・協力＞裏切り・裏切り＞協力・裏切り

となっている。これはゲーム理論において囚人のジレンマと呼ばれる利得関係である。1回限りあるいは有限回の関係では双方の企業は裏切りを選択することになり，互いに協力する場合よりも少ない利得しか得られなくなる。取引における裏切りとは，機会主義的行動をとることだといってもよい。

　ところが，無限に繰り返す関係になると予想されるとき，つまり無限の継続

図表3-4　A社とB社の利得関係

		B社	
		協力	裏切り
A社	協力	3, 3	0, 4
	裏切り	4, 0	1, 1

出所：筆者作成。

的取引になると認識されれば，両社は協力を選択するようになる。将来得られる利得の総和が大きくなるので互いに協力を選んだほうが合理的となる。相手が裏切るまでは協力を続ける「しっぺ返し」という対応がベストの策となる。

4. SCM（サプライ・チェーン・マネジメント）

　サプライ・チェーンとは商品開発，原材料の調達から販売，代金回収，アフターサービスまでの業務の流れを指す。垂直統合をすることで1つの企業がほとんどの業務を行うこともあるし，原材料，部品の供給業者，商品の製造企業，商品の物流，卸，そして小売りのような複数の企業で分担しあう場合もある。SCMの目的は，サプライ・チェーンのなかで生じる余剰在庫や無駄な業務を削減し，効率的な運営を可能にすることである。部門間で調整を行う，あるいは供給者，生産者などの複数の組織間で調整を行う必要がある。

　前述したアパレル業界におけるSPA展開は，前方統合することによってSCMを行う例といえるだろう。製造と販売を統合し一貫体制が整っているので，迅速に最終顧客のニーズに応えることが可能となる。その結果，流通段階および生産段階での在庫ロスを少なくすることができる。敏感なファッション業界では，流行に遅れてしまえば，売れ残りが生じ在庫の山を築いてしまう。反対に

売れ筋商品であっても，生産体制が不十分であれば欠品が多くなってしまう。小売りに自ら進出することで，最終消費者と接触し流行の動きを直接把握し，解決しようとする。

　しかし，小売りをみずから行うだけではSCMの目的は達成されない。適正な商品を，適正な時期，場所，数量，そして価格で，仕入れて販売することが求められる。以前のアパレル業界では4つのシーズンごとに生産計画と販売計画を立て生産するだけで追加生産は行っていなかった。予測が外れなければ問題はないが，流行の激しいビジネスである以上，予測どおりにいかないほうが多い。予測が外れたことを前提にして，追加生産，商品の柔軟な変更，そしてリードタイムの短縮化を実行できる仕組みを整えてこそSCMは機能する。

　SPA型のアパレル各社は，国内外の協力工場と緊密な関係づくりに力を注いでいるが，その背景には取引依存関係をコントロールしようという意図がある。ある企業では各商品の売れ行きを分析し予測を立て，協力工場に2～3週間先までの発注量を内示し，製造の準備をさせている。週末の売れ行き情報をもとにして毎週月曜日に在庫計画を見直し生産計画を確定し，作られた商品は集荷して金曜日に店舗に配送する。すなわち製造のリードタイムは月曜から木曜日までの4日間しかない。実際の注文数は内示された数字と異なることはあるが，一定の割合で買取り保証をすることなどで協力関係を維持していることが多い。つまりはSCMにおいて統合の範囲をどう定めるか，そして取引先との組織間関係をいかに構築するかが鍵となる。

　パソコンの製造販売の世界企業であるデルは，最終顧客から直接注文を受けてから迅速に当該商品を生産する。卸などの間接流通を通さずに商品の配送を行い，顧客に直接商品を販売する手法をとっている。製品価格の低価格化，新製品投入サイクルの短縮，顧客ニーズに応じたカスタマイズが可能なことなどによって，顧客満足度を高めている。注文を受けて代金を受け取ってから生産する方式のために，製品在庫をゼロに近づけることができ，またキャッシュフローの状況がきわめて良好なものになっている。SCMの効果がいかんなく発

揮されているといえるだろう。創業者のマイケル・デルは，こうしたビジネスモデルを構築するにあたり，トヨタ自動車のかんばん方式を徹底的に研究したという。その意味では，デルのモデルの源流にはトヨタかんばん方式があるということになる。

独立した企業間でSCMを実現するには，互いの持つ生産計画，販売計画，そして技術情報などを共有しなければならない。情報通信技術がデータや情報のやりとりや共有に大きく役立っていることは否めないが，そもそも情報やデータを共有しようというモチベーションが必要になる。それには系列関係や継続的関係の構築と維持が不可欠となる。家電量販店のなかには，家電メーカーと長期契約を結び生産計画と販売計画を共同で立て，専用ラインで家電を生産するところも出てきている。

【注】
(1)「戦略－多角化－セーレン（染色大手）"問題児"が下請け気質を変える」『日経ビジネス』2003年9月22日号，pp.46-48。

【参考文献】
Aldrich, H. E. and J. Pfeffer, Environments of organizations. *Annual Review of Sociology*, 2, 1976, pp. 79-105.
浅沼萬里『日本の企業組織 革新的適応のメカニズム』東洋経済新報社，1997。
Coase, R., The Nature of the Firm, *Econometrica*, 4, 1937, pp. 386-405.
Dixit, A. K. and B. J. Nalebuff, *Thinking strategically: the Competitive edge in business, politics, and everyday life*, New York, Norton, 1991.（管野 隆，嶋津祐一訳『戦略的思考とは何か エール大学式「ゲーム理論」の発想法』TBSブリタニカ，1991）
Pfeffer, J. and G. R. Salancik, *The External Contorol of organizations: a respnce dependence Perspective*, Harper & Row, 1978.
Slywotzky, A. J. and D.J.Morrison, *The Profit zone: how stratregic business design will leadyou to tomorrow's profits*, Times Business, 1997.（恩蔵直人，石塚 浩訳『プロフィット・ゾーン経営戦略』ダイヤモンド社，1999）
Slywotzky, A. J. and D. J. Morrison, *How digital is your business ?*, Crown Publishers, 2000.（成毛 眞訳『デジタル・ビジネスデザイン戦略』ダイヤモンド社，2001）
Wiliamson, O. E., *Markets and Hierarchies: analysis and antitrust inplications*, The Free Press, 1975.（浅沼萬里，岩崎 晃訳『市場と企業組織』日本評論社，1980）

第4章
経営組織とICT

1. 企業経営におけるICTの活用

　情報通信技術（ICT）の進展は，企業組織に大きな影響を与えていることはいうまでもない。ICTによってデータの処理，伝達，そして保管を大量かつ高速しかも低コストで行えるようになった。しかも，ICTの進歩は著しく，一部の専門家だけではなく誰にでも使えるような情報機器を実現している。企業はICTを活用して業務を改革し経営効率を高めることが不可欠の課題となっている。より簡潔な言い方をするなら，企業は売り上げを増やしコストを削減するためにICTを用いている。

　スライウォツキーら（Slywotzkey and Morrison, 2000）によるとICTは，資産効率，コスト削減，サイクルタイム（仕事が始まってから，終わるまでの時間）の削減という3つの領域で効果を上げているという。資産の効率を向上させる理由の1つは在庫の削減である。インターネット書店のアマゾン・ドット・コムは店舗を持たず，自社倉庫での在庫も最小限しか置かない。顧客からの注文を受けてから（代金の支払いを受けてから）該当商品を仕入れている。インターネット銀行が店舗型銀行と同じ業務処理をする場合，従来と比べて1/60の費用しかかからない。サイクルタイムの削減は，ICTによる迅速な対応やリアルタイム処理の結果である。GEは補修部品を配達するサイクルタイムを100日から3日まで短縮した。サイクルタイムの削減がGEの顧客満足に結びつくことはいうまでもない。

コンビニエンスストアとICT

　コンビニエンスストアは，ICT活用のわかりやすい例といえる。コンビニは店舗が小さいところに多くの種類の商品をそろえる必要がある。狭い店舗だとどうしても在庫が膨らんでしまい新しい商品を仕入れることができなくなってしまう。こうした事態をなくすには確実に売れる商品を仕入れて売れ残りを削減することが必要となる。そのためには何が売れている商品（売れ筋商品）なのか，あるいは売れていない商品（死に筋商品）なのかを明らかにすることが求められる。

　そのために考案されたのがPOSシステム（販売時点情報管理システム）である。商品に付けられたバーコードを読み取ることで，売れた商品を1つずつ記録し集計していく。どの商品がどれだけ売れたかが簡単にわかり，売れ筋と死に筋を見分けることができる。さらには当該商品を買った客の性別，おおよその年齢などの記録データをあわせて分析し仕入の精度をますます高めている。データを分析することで，顧客のニーズに素早く対応できるようになるので，近年では獲得したデータの分析から新商品の提案をすることが行われている。こうしたICT活用は，コンビニエンスストアの生産性の向上に大きく寄与している。

　ICTは企業経営に欠かせないものになっているが，ICTの発展プロセスにおいて多様な活用方法が提案され実践されてきた。ここで，これまでのICTの展開および企業経営への活用について振り返ってみる。

　第2次世界大戦後，コンピュータはまず科学計算に使用され，その後事務処理にも使われるようになるに至った。ただし当時は特定の用途にのみ対応できる専用機が利用されていた。そうしたなか，60年代に入るとIBMが特定の用途に限られない画期的なコンピュータ・システムを発表した。それがメインフ

レーム（大型汎用機）と呼ばれるもので，大成功を収めコンピュータ・システムの主流となっていった。

1990年前後からパソコンやUNIXワークステーションなどの小型コンピュータの性能が飛躍的に向上し，またイーサネットやTCP/IPなどの安価なネットワーク技術が普及してきた。その結果，メインフレームで行ってきた企業システムの構築を，小型コンピュータを利用したシステム，たとえばクライアント・サーバ・システムなどに移行する動きが出てきた。クライアント・サーバ・システムとは，コンピュータをサーバとクライアントに分けて，それぞれで役割分担をしてさまざまな処理を行う仕組みである。典型的なクライアント・サーバ・システムの例は次のようなものである。全員に共有されるデータが置いてある「サーバ」があり，そこに一般のユーザーが使う「クライアント」が複数接続されている。クライアントはサーバに対して必要なデータの取り出しを要求し，一方サーバは要求されたデータをクライアントに送る。このようにメインフレームの代替として，小型コンピュータを組み合わせたクライアント・サーバ・システムが普及する現象はダウンサイジングと呼ばれた。

次に情報システムと経営との関わりについてみてみる。1960年代初頭から1970年代初頭にかけて経営情報システム（MIS：Management Information Systems）の概念が提唱された。その頃にはコンピュータが企業経営に役立つことが常識となり，個々の業務の自動化が進んだ。MISがめざしたのは，データ処理を全社に統合して必要な情報を必要なときに必要な形態で管理階層に提供する情報システムの実現である。個々の部署に存在する独立したシステム，たとえば財務管理システム，顧客管理システム，販売管理システムといったものを統合して経営の意思決定に役立つ資料の提供が期待された。遠山ら（2003, pp.54-55）はMISの目的について，機能的サブシステムで使用されるデータ処理を全社的に統合し，マネジメントのあらゆる階層に影響を与える経営内のすべての活動を，それらの階層に完全に知らせることであるとしている。MISは管理活動と情報処理活動を分離して考えており，管理活動における決定や判断を所与のものとして，その活動に寄与する情報処理活動を効率化するという考えに立っ

ていた。すなわち問題発見,計画策定,管理活動に関わるデータを処理し資料を作成し,意思決定に役立てようと企図した。

通常の階層組織では,現場の情報が経営層に伝わるまでに複数の人員が介在し,情報が正しく伝わらないことが多い。MISではコンピュータを通じて現場情報を経営陣が直接に把握できれば,この問題は解消するとの思想に依拠していた。商品別,地域別の販売数と将来予測,生産コストの把握と予測などの提供が求められたが,当時のコンピュータ技術の水準は低く,満足のいく成果を上げることができなかった。

MISから派生してきた考え方として,意思決定支援システム(DSS)と戦略情報システム(SIS)がある。MISの目標が意思決定のための定型的な資料づくりであったのに対して,DSSでは,意思決定者の経験や勘を駆使して,主体的にコンピュータとの試行錯誤を繰り返しながら最終決定に至るというシステムが提唱された。人間の認知能力の限界を補完し,意思決定の質や有効性の向上を図ることを狙いとし,シミュレーションの活用がその特徴であった。DSSは管理者の意思決定の支援を目的としていて,意思決定それ自体を置き換えるものではなく,その根底には「管理者の(半構造的な)意思決定を支援する」というコンセプトがあった。ITによる情報の分析を通じて,今まで気づかれなかった経営上の法則性や関係性を発見することが期待された。

DSSが登場した背景には,各部署の端末から汎用大型コンピュータを操作できるTSS(Time Sharing System)という技術の普及が挙げられる。TSSによってユーザー部門の人員が直接コンピュータを使うエンド・ユーザー・コンピューティング(EUC)の時代が到来した。さらにパソコンが80年代のはじめから普及してきたことも,この動きに拍車をかけた。この時期には,文書作成やデータの加工などを簡単に行えるようになり,オフィスの生産性が大幅に高まった。その一方で,需要予測ソフトウエアが瞬時に出す予測は信頼の置けるものか,データマイニングの結果として判明した顧客行動の発見は果たして有効だろうか,という疑問や懸念も指摘された。

80年代後半に登場した戦略情報システム(SIS)は,ICTを通じた差別化と

既存事業の改革によって，戦略的な競争優位を確保し維持することを目的としている。MISは組織内部の定型的情報処理の効率性を高めること，DSSは組織内の意思決定の有効性に貢献することがそれぞれ期待された。それに対して，SISは最初から競争相手に対する市場優位を獲得するためにICTを利用しようとした。SISの提唱者の1人であるワイズマン（Wiseman, 1988）はSISについて，「競争優位を獲得・維持したり，敵対者の競争力を弱めたりするための計画である企業の競争戦略を，支援あるいは形成する情報技術の活用である」としている。さらに「それぞれの企業がその事業を展開し，業界で競争力を高めたり，それを維持したりするための戦略にとって，情報システムがそれを形成したり支援したりしてその戦略の遂行に不可欠のものとして役立っている場合に，そのようなシステムをSISという」と説明している。SISの例としてアメリカン航空の旅行代理店向け座席予約システム「SABRE」が挙げられている。このSABREは，飛行機のオンライン予約システムであり，予約の利便性を高めたことで利用客の人気を呼んだ。このシステムでは他航空会社の便よりもアメリカン航空の便を優先して表示する仕組みとなっていて，その結果として顧客の多くがアメリカン航空を選んだ。ところが競争相手の航空会社も同様のシステムを導入したことで，その競争優位は小さくなり，やがては失われた。

組織の情報化が進展していく背景にはいうまでもなくICTの進歩がある。とくに近年発達したTCP/IPなどのインターネット技術は，イントラネットと呼ばれる組織内ネットワークを生み出し，後に述べる業務統合システムなどの導入を促進した。またエンド・ユーザーと直接のやりとりを可能にしたEUC（エンド・ユーザー・コンピューティング）技術の発展も大きく貢献していると考えられる。

2. ICTによる組織戦略の再構築

2.1 ICT活用による業務改革
(1) リエンジニアリング

ICTは大量かつ高速に計算を行い，データを送り，そして貯蔵することを得

意とし，人間のしている定型業務に置き換わっていく役割を果たすと考えられてきた。意思決定の領域への応用を考えたDSSであっても，人間の意思決定の一部を置き換えようとしたにすぎない。人間を定型的業務から解放し，より創造的な活動に集中させることがICTの使命であると信じられてきた。よって情報技術が人間に代替したといっても，業務の流れそのものは不変であった。

　また，ICTへの投資が大きい企業がそうでない企業よりも利益を生み出しているとはいえない。また多大な情報投資をした場合に，前よりも利益が増大しているとも言い難い。つまりは情報化投資と企業の利益もしくは生産性との間に明確な相関関係がみられないという実情があった。そもそも人間と情報技術とでは得意とするところが異なるわけなのだから，情報技術を利用した業務の流れは人間によるものとは変わってよいはずである。そうした考えから情報技術を用いて従来の業務を変革しようという考えが生まれた。最新のICTのハードウエアやソフトウエアを購入したとしても，それだけでは組織を高能率のデジタル企業に変革させることはできない。ICTによる経営の変革は，ICTと事業戦略や業務慣行との間の相乗作用を確保する必要がある。

　そうしたなかでハマーとチャンピー (Hammer and Champy, 1993) はリエンジニアリング (Reengineering) という概念を発表した。リエンジニアリングとは，「コスト，品質，サービス，スピードのような，重大で現代的なパフォーマンス基準を劇的に改善するために，ビジネス・プロセスを根本的に考えなおし，抜本的にそれをデザインしなおすことである」とされた。つまりは現在の仕事の進め方に関する既成概念を一掃し，パフォーマンスを最高にするにはどのような業務設計が最適かを一から考え直すアプローチである。ダベンポート (Davenport, 1993) によるとリエンジニアリングはプロセスの革新であり，事業プロセスの急激な設計変更をともなう職務横断的な取り組みである。こうしたプロセス革新は文化，組織構造，そしてITに対して同時に変化を引き起こし，劇的なパフォーマンスの改善を実現させるという。

　ハマーとチャンピー (1993, p.63) にはいくつかの事例が紹介されている。IBMクレジット社では，IBMのハードウエアやソフトウエアの販売に対する融

資を行っていた。融資決定までのプロセスは5つのステップからなり，IBMセールスパーソンからの融資申込みの受け付け，借り手の信用度の調査，ローン契約のカスタマイズ化，プライシング担当者による金利の決定，そして販売代理業者への連絡で構成されていた。そして，これに要する時間は平均して6日間であった。改善策として同社は，信用調査係やプライシング担当者などのスペシャリストをゼネラリストに代えた。オフィスからオフィスへと申込書類を送る代わりに，はじめから終わりまでの全作業を案件処理担当者と呼ばれる人が1人で処理する。このことで処理に必要な時間は大幅に短縮された。この改革の中心にあるのは，案件処理に実際にかけている時間の数倍をオフィス間での受け渡しに費やしていたこと，ICTの助けを借りれば案件の処理自体は，難しいものではないことが判明した点である。

　ハマーとチャンピーからもう一例，フォード自動車が部品購入の活動についてリエンジニアリングしたケースを引用する。従来のプロセスでは，購買部門が納入業者に購買注文を送り，そのコピーを支払い部門に送る。納入業者が商品を発送し，それがフォードに到着すると，受取窓口の従業員が，商品受け取りについての書類を完成させ，それを支払い部門に送る。同時に納入業者も請求書を支払い部門に送る。支払い部門はこの商品に関して，購買注文書，受取書，請求書という3種類の書類を手にする。もし3つが合うなら事務員は支払いを行う。新しいプロセスでは，購買部門は納入業者に注文書を発行すると同時に，注文をオンラインのデータベースにインプットする。納入業者は以前と同じように商品を受取窓口に送る。商品が到着すると，受取窓口が端末を調べて受け取った商品がデータベースのなかの未到着品と一致しているか確認する。もし一致していれば商品を受け取り，端末を操作して商品到着を入力する。受取伝票から自動的に小切手が発行され納入業者に発送される。これまで支払い部門にあった支払い権限を受取窓口が持つ。納入業者への支払いのために必要な人員は4分の1近くに減少した。

　リエンジニアリングにおいては，まず業務プロセスの問題点を明らかにする。その際には定量的に把握することが大切であり，プロセスの再設計による改善

効果について時間や金額で想定することが求められる。

(2)ナレッジマネジメント (Knowledge Management)

　ナレッジマネジメント（知識経営）とは，共有資産としての「知識」の発見，蓄積，交換，共有，創造，そして活用を行うプロセスについて体系的な形で管理することである。あるいは，そうした知識の創造・活用の仕組みを事業プロセスのなかに組み込み，生み出された知識を製品やサービス，業務プロセスの革新に具体化することで組織全体の競争力強化をめざす経営手法のことをいう。

　経営活動において知識の果たす役割は大きい。ドラッカー（Drucker）は『ポスト資本主義社会』(1993) において，今後の経済社会では知識だけが新たな価値の源泉であると指摘している。Nonaka and Takeuchi (1995) は，組織における知識創造プロセスに注目した。知識を言語化の可能な形式知とそれが困難な暗黙知の2つに分け，両タイプの知識の相互作用によって新しい知識は生み出され普及していく。そのプロセスには共同化，表出化，連結化，そして内面化の4つのモードがある。共同化とは直接の共通体験などを通じて暗黙知を共有したり創造したりするモードであり，人間同士の関係で対応されることが多い。表出化は暗黙知を形式知に変えることであり，対話が主たる手段になる。連結化とは個別の形式知から体系的な形式知を創造するもので，知識の交換によって促進される。コミュニケーションを促進させる役割のICTが最も活躍するのは，この連結化モードにおいてだと思われる。内面化は日々の実践のなかで形式知から暗黙知をつくりだすものである。

　情報技術分野においても1990年代半ばから，ナレッジマネジメントを売り物にしたシステムが登場したが，その多くはグループウェアやデータベースであった。「協調作業」「知識の共有」「知識の蓄積・検索・再活用」がその中心で，Nonaka and Takeuchi (1995) が主張する知識創造において連結化モードを活発化することにとどまる。だが，ICTによって，大量の形式知を体系化し整理していくことが，知識創造に大きな効果をもたらすことはいうまでもない。

> ### 情報化のリーダー：CIO（Chief Information Officer）
> ### 情報システム担当役員
>
> 　企業において自社の経営理念や企業戦略に合わせて情報化戦略を提案，実行する責任者を指す。最高情報責任者あるいは情報戦略統括役員とも呼ばれる。米国企業では実際の経営を執行役員が遂行しているが，CIOはそうした役員の1人で，CEO（最高経営責任者），CFO（最高財務責任者），COO（最高執行責任者）などと並んで，経営陣のなかで重要な役割を持つ。CIO的な役割の担当者は1980年代にも存在していたが，そのころは情報システム部門出身者が多かった。しかし，1980年代後半から，必ずしもICTの専門家ではないCIOが登場するようになった。
>
> 　CIOに求められる機能は，経営戦略の一環としての情報化戦略を提案し実行することであり，反対に情報技術に基づいた経営戦略を経営トップに提案する場合もある。部門間や外部との調整を行い組織や業務プロセスを改革して情報システムと適合させる，全社のICT資産（人材，ハードウエア，ソフトウエアなど）の保持や調達を最適化することなどがCIOのの仕事である。
>
> 　日本企業では，米国企業のような執行役員制は一般的ではなく，CIOの肩書きは情報部門の長である情報システム部長を指す場合が多かった。しかし経営活動におけるICTの役割が急拡大するなかで，CIOは経営陣の一角として経営を変革する立場へと変わっていくことが求められている。

2.2　ICTによる業務統合：ERPシステム

　リエンジニアリングやナレッジマネジメントは，ICTによる組織変革や業務改革の追求を示唆している。これまで部門や部署の業務ごとに情報化が行われ

てきた結果，それぞれのニーズに応えたシステムが構築された。その一方で，各業務の間の連携については情報化が進まない状況が生まれた。こうなると，組織の各部分の最適化は図れても全体最適は確保されないことになる。企業全体での経営資源の有効活用という観点から，部門や部署ごとで個別に管理されている生産，販売，物流，人事，財務などの情報を統合し，一括管理することによって経営の効率化を図る必要性が高まってきた。こうした要請に応えるかたちで登場したのがERP（Enterprise Resources Planning）システムである。

　ERPシステムは，業務や部門単位の情報システムとは異なり，企業で行う基幹業務のすべてを1つのデータベースに一元管理する方式，あるいは会計・販売などの個々のシステム間で連携する方式で，基幹業務全体を統合的に管理する。とくに，受注・販売・生産などの業務における個別処理が，入力時点で即時に会計情報として反映され，参照することができることが大きな特徴となっている。業務効率が上がるとともに，迅速な財務会計や管理会計の実現，リアルタイムな事業内容の把握による効率的な意思決定が実現される。

　データベースの一元化と業務プロセスの統合化によって，一度の入力により関連部署のデータがリアルタイムで更新されるので，経営者のみならず現場も常に最新の経営状況が把握できる。自分の担当している前後のプロセスとの連携を理解できるので，従業員が幅広い視野を持つことが可能となる。たとえば，これまで月次でしかわからなかった貸借対照表と損益計算書の各項目の情報について，日次で全社員がわかるようになる。売上情報，生産情報，そして在庫情報を新会計システムおよび連結会計情報システムで集約し，データベース化する。リアルタイムで会計情報が提供されるので，現場が各業務においてキャッシュフローの状況に敏感になる。キャッシュフローを増やすために，売上債権の回収を早めること，過剰在庫を削減することの必要性が理解されやすくなる。販売実績を分析して売れ行きの予測を行い，在庫水準を適正に維持することを狙うなど，データをさまざまな角度から分析できるようになる。

　ERPを用いて各事業の収益性とリスクから将来性を分析して，事業リスクを上回る利益を予想できる戦略分野に投資を集中していくことが可能になる。つ

まりポートフォリオ戦略を円滑に実行する場合にもERPは貢献すると期待されている。連結経営システムで事業ごとの収益を閲覧できる機能を利用し，会計情報を経営に活かしていく。これまでは，複数の事業を展開していても，リアルタイムでの経営状況がわからないために，投資の拡大や撤退について事業ごとの決断が遅れがちであった。ERP導入により事業ごとの会計情報を適宜閲覧できるようになったことで，事業からの撤退や予算の金額などの決断を的確に下すことが可能になった。

業務統合システムの導入は一般にコストがかかるが，システムを新たに構築しなくてもERPシステムを作る道はある。データベースの一元化を行わずに既存の業務システムを使って，各部門のデータベースから必要な情報だけを取り出して，会計システムに集約する方法である。連結子会社についても，業務システムが稼働している企業では，インターネットまたはイントラネットを介して，取引の情報を集約するという構成にすることができる。

バランス・スコア・カード

財務的な評価指標は，財務面から過去の企業活動を説明するだけであって，将来の競争力を示すものではない。企業業績を定量的な財務指標のみでなく多面的に定義し，それらをバランスよくマネジメントする経営管理手法として提唱されたのが，カプランとノートン（Kaplan and Norton, 1996）によるバランス・スコア・カードである。財務の視点，顧客の視点，業務プロセスの視点，学習と成長の視点の4つから構成される。

バランスとは，長期的利益と短期的利益のバランス，全社目標と部門目標のバランス，株主，顧客，従業員などの利害関係者間のバランスを指している。顧客の視点の指標としては，顧客満足度，顧客維持率，新規顧客の獲得数，顧客の収益性，そして市場シェア等が挙げられる。業

務プロセスの視点からは研究活動，製品開発，生産，販売流通，そしてアフターサービスが他社と比べて，どの程度の水準にあるかが検討される。消費関連の企業であれば，ブランド力を測定するための，対象とするセグメントの市場シェア，ブランドの認知度などが指標になりうる。また品揃えの充実度を高める指標を導入することも必要で，たとえば欠品率，在庫回転率，値下げ製品の数と割合などが挙げられる。学習と成長の視点からは，従業員満足度，離職率，従業員1人あたりの収益などが指標となるだろう。

　バランス・スコア・カードによる経営改革を進めるためには，上記の指標を素早く把握するための，なるべくならリアルタイムに入手できる仕組みが必要になる。ERPはその仕組みを提供する手段といえるだろう。

2.3　ERPによる業務統合の方法と課題

　ERPはICTの導入によって企業の業務全体の全体最適を図っていく。組織の各部分の効率化ではなくて組織全体の効率化をめざす。業務統合システムをゼロから開発・構築する場合もあるし，R/3（SAP社）やPeopleSoft（オラクル），インフォア，GLOVIA（富士通），SCAW（NTTデータシステムズ）などのパッケージ・システムを導入する場合もある。独自システムをカスタムメイドで開発・構築することは，自社の業務プロセスに完全準拠のシステムにできるというメリットがあるものの，開発コストが大きくなってしまう傾向がある。また，改善するべき業務プロセスが温存されてしまう弊害も生じやすい。一方，ERPパッケージを使うことはすでに完成されているものを導入するので，部分的な手直しが多くなければ，開発時間を短縮できてコストを低減できる。しかし導入コストが安く済むという魅力の一方で，カスタマイズをどの程度まで行うかなどの導入や運用の仕方によって問題が生じやすい。

　R/3のような業務パッケージを導入する場合の基本方針は2つに分かれる。まずパッケージに業務を合わせる方法である。パッケージが採用している内容

に合わせて,現在の仕事のやり方を変える。つまり,現状の業務内容をパッケージに合わせて改善するものであり,靴に足を合わせる方法といえる。次に,業務にパッケージを合わせる方法がある。仕事のやり方に合わせてパッケージの内容をカスタマイズしていくものである。従来の仕事のやり方がどうしてもパッケージと適合しないときに,この方法がとられる。カスタマイズされる部分が増えれば,コストもどんどん大きくなり,独自システムを構築したのと変わらない形になってしまう。

ERPパッケージ製品は,すべての業務を処理する機能を持ち,それらの機能を統合する点で,どのシステムも大差はない。しかし,当該システムの生い立ちによって財務の業務に重点を置いているものや,販売管理に力点を置くものなど具体的な機能に特性がある。また得意とする業界や企業規模などが異なっている。このため,どのパッケージを採用するかは,自社業務との適合性について十分な確認が必要である。

パッケージにない機能の追加開発つまりカスタマイズをアドオン開発という。現実にはパッケージには用意されていなくても,業務を進める上で欠かせないものがある。追加開発すれば,そのバージョンアップ代を含めると大幅なコストがかかることになる。一方,アドオンを必要以上に増やしてしまう誘因は数知れない。従来の仕事の進め方とパッケージの提供する内容が異なれば,従来のやり方に慣れた現場は業務の進め方を変えたがらない。

それではアドオンするかどうかの判断基準はどうあるべきか。基幹業務の中核部分が,ライバルに対する優位を作り出しているのなら,変更すべきでないということになるだろう。つまり競争優位の源泉(コアコンピタンス)であるなら,積極的にアドオンの対象とすべきである。トヨタ自動車が,同社の世界的に著名な生産方式をパッケージ・システムに合わせたとしたらどうだろうか。おそらくトヨタの優位性はかなり損なわれてしまうだろう。

つまりは競争相手に対する優位をもたらしている既存の業務プロセスであればアドオン開発するべきである。たとえば食品業界にとって鮮度管理の業務は,コアコンピタンスそのものであり,アドオン開発せずにパッケージを導入する

ことはやめるべきである。製薬会社であれば，製品開発のプロセスはコアでありアドオン開発が不可欠であるが，一方で生産管理や在庫管理，販売管理などの業務にERPパッケージを導入し効率化を図るべきである。取引先への配慮も必要である。取引先に影響を与えるのであれば変えるべきではない。取引先にとってメリットのある話なら別だが，自社の効率化のために従来の商習慣を変えてもらうことは難しい。取引先を失うことにもなりかねない。

上記のようにERPパッケージは平均的なユーザーを想定した汎用的なシステムであり，そのまま導入することは，競合他社との差別化や所属業界において平均以上の収益性を上げることにはつながりにくいようにも思える。しかし，著名なパッケージであれば，さまざまな業界や企業の各業務を分析し，最も能率的であると思われる業務プロセスを参考にしてパッケージ化している。多くのERPパッケージがベストプラクティスを標榜している。ベストプラクティスとは，世界で最も優れた業務遂行の方法のことである。

ERP導入によって，2％程度の利益率が6％となった企業の事例がある。ERPを導入した業務は，物流や販売，生産，会計と多岐にわたり，その導入コストはパソコンやサーバの新規導入費も含めて20億円に及んだという。利益率が大幅に改善された理由は，50年間続けてきた業務ノウハウを捨て，ERPが提供するベストプラクティスへと大改革したことだという。そのためにアドオン開発を徹底的に抑えた。ヒアリングによって工場で使う数値データすべてを洗い出し，現状の業務フローをモデル化した。余分な作業項目を削除，短縮，統合してモデルをシンプル化した。業務フローがシンプルになれば，ERPパッケージをほぼカスタマイズなしで導入できる。

2.4　日本企業の業務特性とERP導入

日本の企業はQCサークルに代表されるように，現場主導で業務をカイゼンし，ボトムアップで部分最適を重ねてきた。ERPによる改革は，トップダウンで改革をめざすものだ。全体の効率化のためには，現場の利便性が犠牲になることもある。とくにパッケージとして販売されているものは，欧米企業を念頭

に開発されているので，日本企業の特殊性に対応できているとはいえない。

　ボトムアップは，各部署で最善の情報化を進めるために部分最適化に陥りやすい。トップダウンは，経営トップによる全社最適化が実現しやすいといえる。日本企業は現場への権限委譲が行われ，現場での意思決定の幅が広いボトムアップ型の経営であり，現場の士気を高めることに大いに貢献している。このことがERPによる情報化にはかえって阻害要因になりかねない。日本企業が長年にわたって築き上げてきた業務効率化の手法と，ERPの導入による業務変革手法の間に，根本的な違いがある。日本で発展してきたQCサークルをみれば歴然としているが，日本企業は現場主導で業務を改善し，ボトムアップで部分最適を積み重ねてきた。

　ERPパッケージ導入では，トップダウンの全社的な取り組みが必要である。財務，生産，購買，物流の各部門の壁を越えた業務プロセスの変更が求められているので，現場の意向を第一に考えるボトムアップでは，パッケージの効果的導入を妨げる恐れがある。決して大げさではなくERPパッケージの導入は，全社的な組織改革・業務改革を意味している。企業トップが明確な方針を打ち出し，業務横断の組織・業務改革を断行することが求められる。

　ERPシステムは日本のビジネス慣習と合致しない点が多いので，いきなり日本企業に導入すると不具合や現場からの不満が続出する。とくに全体最適のメリットは現場からは理解しにくい。たとえばリアルタイムで情報を得るためには，現場の入力作業が従来より増加するかもしれない。そうなると現場従業員の負担は大きくなる。

図表4－1　日本でのERP導入の難しさ

・日本的商習慣との不一致
・業務プロセス変更の意思決定の遅さ
・ユーザー（現場）の使い勝手の偏重
・全体最適の意識の弱さ

出所：筆者作成。

3. ICT，組織，そして社会の行方

3.1　企業組織の範囲の変化

　ICTは，組織のあり方を変えていく可能性がある。組織と市場の関係について取引コスト理論の立場をとるなら，取引相手の探索，売買交渉，そして履行の監視に費やされるコストを削減するために，組織の形態が選択される。もしICTの活用によって，こうしたコストが低減するなら，経営活動は現状よりも市場に依存したものになるだろう。

　マローン（Malone, 2004）によると，ICTの発達は，調整のための単位費用を低減するという。マローンのいう調整費用とは，供給者の探索，契約の交渉，履行の強制のためにかかる費用であり，これらは取引コストに該当すると考えられる。ICTの発達は情報の伝達，処理の費用を大幅に低減しているので，情報の伝達と処理によって実行される調整活動もまたその単位費用を下げることになる。したがって，調整について割高であった市場からの調達は，この調整にかかる単位費用の低減の恩恵を受けるとマローンは主張する。さらに，製品ラインをある製品から他の製品に急速に転換することが可能になったため，資産の特殊性が低下し，より市場的調整の余地が増えることになるという。

　ピコー（Picot et al., 1997）らも，ICTの進歩にともなう企業組織への影響を，取引コストの観点から分析している。階層組織において処理されてきた取引が，より中間組織的な調整に委ねられるようになり，また，これまで中間組織によって調整されてきた取引が，電子市場によって処理されるようになると予想する。

　ICTの発展による社会全体の変化が企業組織に与える影響はどのようになるだろうか。リナックス（Linux）というOS（オペレーティング・システム）がある。フィンランドのヘルシンキ大学の大学院生だったリーナス・トーバルズ（Linus Torvalds）によって開発された。ユニークなのは，このOSの改良・改善プロセスである。フリーソフトウエアとして公開され，全世界のボランティア

の開発者によって改良が重ねられるなかで機能を高め，世界中に広く普及した。開発や改良が企業組織のなかでもなく，市場取引でもないところで行われたことが注目に値する。

インターネットを通じて関心のあるもの同士が結びつき，自分の有する能力を惜しげもなく使ってOSを発展させた。世界中のいたるところから仲間があつまり，一種のコミュニティを創り出し，そのなかでイノベーションが次々と生じている。経済的動機ではない内発的な動機で人々は駆り立てられているといえるだろう。

3.2　企業内SNS

SNS（ソーシャル・ネットワーキング・サービス）とは人と人とのつながりを促進・サポートする，招待制のコミュニティ型サービスである。代表的なソーシャル・ネットワーキング・サービスとして日本最大の会員数を持つmixiや世界最大の会員数を持つMySpaceなどがある。招待制等を採用することでメンバーを限定し，安心のできる仲間同士の趣味などについてコミュニケーションを活発化させている。

このSNSを社内に導入する企業が増えている。（株）NTTデータは利用者数約4,000人という類を見ない規模で社内SNSを利用している例として注目を集めている（鈴木他，2007, pp. 163-171）。同社の社内SNS開設の目的は，社員1人ひとりが組織の壁や役割を越えて主体的に助け合う文化，強制せずとも情報が流通する環境づくりである。同社のSNSは社内ボランティアが運営し，運営ルールは最低限のものに抑えている。紹介か自己申告で参加することができるが，実名を明らかにする必要がある。そして仕事に直接関係のない話題もOKとしている。

3.3　モジュール化のもたらす組織変化

分業は作業を分割化し専門化することによって組織の効率を上げる方法であり，複雑な工程を単純化し効率化する伝統的方法である。ICTの発展によって

新しい分業のかたちであるモジュール化が，コンピュータ産業をはじめとする多くの産業で組織変革を引き起こしている。モジュール化とは，単なる分業ではなく，全体として統一的に機能する包括的設計ルールのもとで，より小さなサブシステムに作業を分業化あるいはカプセル化することによって，複雑な製品開発や業務プロセス改革を可能にする方法である。このことにより，さまざまな作業における複雑性が管理可能なものとなり，相互調整を必要しないコンカレントな（並行的）作業が可能となって，下位システムの不確実性に対処できる。現代のような急激な技術革新の時代には不確実性が大きいので，1つの技術やデザインにかけるよりも複数のモジュールに技術開発を競わせるほうが失敗したときのリスクを小さくし成功の可能性を高める。

SOA（Service Oriented Architecture）という情報システムの設計思想は，こうしたモジュール化の流れを受けたものといえる。巨大な情報システムをサービスごとにモジュール化し，モジュール単位で他社のサービスを使えるようにする考え方である。JR東日本のSuicaは，そのような例である。関東の公共交通機関が1枚のSuicaカードで利用できるようになり，コンビニエンスストアでの支払いに使えるのはSOAに基づいている。

SOAは新しい企業間連携を形成する原動力になると思われる。互いのシステムを共同利用することで，低コストでより充実した顧客サービスを提供できるようになるからである。

【参考文献】

青木昌彦, 安藤晴彦編著『モジュール化　新しい産業アーキテクチャの本質』東洋経済新報社, 2002。

近安理夫『戦略的ERPの実践』東洋経済新報社, 2001。

Davenport, T. H., *Process innovation: reengineering work through information technology*, Harvard Business School Press, 1993.

Drucker, P. F., *Post-capitalist society*, Harper Business, 1993. （上田惇生他訳『ポスト資本主義社会—21世紀の組織と人間はどう変わるか』ダイヤモンド社, 1993）

Hammer, M and J. Champy, *Reengineering the corporation : a manifesto for business revolution*, Harper Business, 1993.（野中郁次郎訳『リエンジニアリング革命：企業を根本から変える業務革新』日本経済新聞社, 1993）

Kaplan, R. S. and Norton, D. P., *The balanced scorecard: translating strategy into action*, Boston, Harvard Business School, 1996.

Malone, T. W., *The Future of work*, Harvard Business Press, 2004.（高橋則明訳『フューチャー・オブ・ワーク』ランダムハウス講談社，2004）

Nonaka, I. and H. Takeuchi, *The Knowledge-creating company: how Japanese companies create the dynamics of innovation*, Oxford University Press, 1995.（梅本勝博訳『知識創造企業』東洋経済新報社，1996）

Picot, A., H. Dietl, und E. Franck, *Organisation : eine okonomische Perspektive*, Schaffer-Poeschel, 1997.（丹沢安治共訳『組織入門：新制度派経済学による：市場・組織・組織間関係へのアプローチ』白桃書房，1999）

櫻井通晴編著『企業価値創造のためのABCとバランスト・スコア・カード』同文館出版，2002。

Slywotzky, A. J. and D. J. Morrison, *How digital is your business?* Crown Publishers, 2000.（成毛　眞監訳『デジタル・ビジネスデザイン戦略』ダイヤモンド社，2001）

鈴木貴博，宇治則孝『進化する企業のしくみ』PHP研究所，2007。

梅田望夫『ウェブ進化論　本当の大変化はこれから始まる』ちくま新書，2006。

遠山　暁，村田　潔，岸真理子『経営情報論』有斐閣，2003。

Wiseman, C., *Strategic Information Systems*, Richard D. Irwin, 1988.（土屋守章・辻新六訳『戦略的情報システム』ダイヤモンド社，1989）

第5章
組織行動の基礎

1. 集団とは

　集団とは2人以上の個人の相互作用を通じて互いに影響しあい，考え方や感情の面で共通性を持つに至ったものである。大きな組織では，そのメンバー全員が相互作用しあうことはできない。組織のなかに複数の集団が存在し，それぞれにおいて相互作用が行われることになる。企業組織では部署ごとに集団が形成されることが多いと考えられる。ただし，こうした部署であってもメンバー間の相互作用が，上司と部下の命令・報告の関係にとどまっていて，部下同士の相互作用が存在しない場合には，その部署において集団は形成されていないと考えられる。

1.1　集団の種類：公式集団と非公式集団

　公式集団とは，組織構造によって規定され，何らかの任務を割り当てられているものである。組織に設定されている各部署あるいはプロジェクトチームのような職能横断型の組織単位が公式集団に該当する。ここでは個人がとるべき行動は組織の公式目標によって規定されている。一方，非公式集団は，構造化も組織的規定化もされていないもので，自然に集団が形成されている。非公式集団は公式集団の場合のような明示的な規則を有していない。しかしメンバーに対し暗黙のうちに，仕事への頑張り具合，こなす仕事の量の目安，そして適切なコミュニケーション経路について指示を与えている。これが集団の規範である。集団内の誰かが規範を破った場合，他のメンバーたちは違反を非難し，懲

罰を与えることもある。

　集団に属する人々の行動が規範によって影響されていることを明らかにしたのは、ホーソン研究で、1924年から32年にかけて、メーヨーらによって実施された一連の研究で、ウエスタンエレクトリック社のホーソン工場で行われたので、ホーソン研究と呼ばれる。ここで明らかになったことは、労働者の感情と行動は密接に関連していること、集団は個人の行動に顕著な影響を与えること、集団の規範は個々の労働者の生産性を決定するうえで大きな影響力を持つ、などである（Mayo, 邦訳1967）。

　ホーソン実験は照明実験、リレー組み立て作業実験、面接実験、そしてバンク巻線作業実験の4つの実験からなる。このうち小集団を対象とするバンク巻線作業実験で非公式集団の存在が発見された。生産性の向上と経済的報酬を結びつけることで、労働者の努力を引き出すであろうとの仮説のもとで実施された実験であったが、職場の仲間との間で、フォーマルな規則とは無関係な規範を形成していることが判明した。労働者は自分の生産量を増やせば報酬を増やすことができたにもかかわらず、労働者たちが個別に生産量を最大化することはなかった。むしろ彼らの産出量は1日の適切な作業量を規定する集団規範によって統制されて、各人は同じ生産量を維持していた。その結果、この集団は全体として能力を下回る働きしかしていなかった。

　さらに所属集団と準拠集団を区別することは重要である。所属集団とは、現に所属している集団を指す。一方、準拠集団とは、人の価値観や考え方に影響を及ぼす集団を指している。ある人にとって所属集団と準拠集団が同じであれば、その人は所属集団に貢献しようという意欲を高める。ところが、所属集団と準拠集団が異なる場合には、貢献意欲が薄れる傾向が出てきてしまう。

　たとえば、勤務先の企業から転勤を命じられた社員を考えてみよう。家族との生活を大切に考え、最重要とする家庭第一主義の社員であれば、家族の生活を大きく変えることになる転勤を受け入れたがらないだろう。企業組織の一員であれば組織の目標実現に向けて貢献することが求められるが、この社員の最も大切にしているのは準拠集団たる家族の生活である。会社への貢献意欲は2

番手のものとなる。

　弁護士のような専門的知識を有する人たちも，所属集団への貢献意欲は低いと考えられる。所属する企業以外でも通用する知識や能力を持っているので，所属する企業へ依存する意識は小さく忠誠心も低い。グールドナー（Gouldner, 1958）は，組織内のこうした所属集団と準拠集団とが別々になっている人たちをコスモポリタン（世界市民）と名づけた。どこへ行ってもやっていける人たちということなのだろう。反対に，両方の集団が同一である人たちはローカルと呼ばれる。

　これから企業では業務の複雑化と専門化から，特定の分野で活躍する専門家の数が増加してくると思われる。そうであるなら，こうした専門家たちに貢献意欲を高めてくれるような工夫を講じる必要がある。

1.2　凝集性

　凝集性とはメンバーが互いに引きつけられ，互いに好ましいと思っていて，当該集団にとどまりたいと考える程度のことである。集団の凝集性が高いほど，集団の基準や規範に従ってメンバーは集団の目標に向かって努力する。よって生産性向上や品質向上といった業績を高める方向の規範を有する場合，凝集性の高い集団は，そうでない集団に比べて生産性が高い。つまりは，どのような組織目標を有するか，どのような規範が成立しているかに大きく依存する。ロビンズ（Robbins, 邦訳1997）によると，集団凝集性と生産性との関係は次のように示される（図表5－1）。

図表5－1　集団凝集性と生産性の関係

集団目標と組織目標の一致度		集団凝集性	
		高	低
	高	生産性が大幅上昇	生産性がいく分上昇
	低	生産性が低下	生産性に顕著な影響なし

出所：ロビンズ（Robbins, 邦訳1997, p.154）。

集団目標と組織目標の一致度が高く，凝集性も高い場合には生産性が大きくなる。集団凝集性を高める基本的な方法は，メンバー間の対面的コミュニケーションを盛んにすることであり，それは集団形成のプロセスそのものである。ロビンズによると，以下のような工夫によって凝集性は高まるという。
(1) 集団のメンバー数を少なくする。
(2) 集団目標への合意を促進する。
(3) メンバーが共に過ごす時間を増やす。
(4) 集団のステータスを高め，その集団への参加資格を得がたいものに見せる。
(5) 他の集団との競争を促進する。
(6) 個々のメンバーではなく集団全体に報酬を与える。
(7) 集団を物理的に孤立させる。

　凝集性は集団にとって重要だが，あまりに高まりすぎると反対意見が出にくくなり，効果的な意思決定を阻害することもある。同調は，高すぎる凝集性の悪影響とみることができる。

同調　アッシュ研究（Ash, 1951）

　集団のメンバーが常にその集団に受け入れられたい，あるいはとどまりたいと望むとき，集団が個々のメンバーに圧力をかけ，同調するようにしむければ集団規範に従うようになる。これが同調である。
　アッシュは集団への同調つまり規範に従うことに関して次のような実験をしている。被験者にカードに書かれた1本の線の長さと同じ長さのものを3本の線から選ばせる。被験者以外は最初から意図的に誤った同一の答えをする。そうすると，この明らかに誤った回答に被験者は35％の割合で同調して誤答するという。集団のメンバーは，その集団に受け入れられたいと望むために集団の規範に同調するのである。ドイッチ

(Deutch, 1971)はアッシュの実験を発展させ，回答をみなの前で行う条件と，他の人に見られないで回答を行う条件に分けたところ，他の人に回答を見られない条件では誤答率の下がることがわかった。

これらの実験から自分の判断や行動が正しいのかどうかを見分ける手がかりとして他者の判断や行動を参考にしているということと，他者からうける社会的な力である規範的影響の2つがあることが判明した。同調性が高い集団では，誤った意思決定が行われるリスクが高い。

1.3 集団の形態

(1) 集団の規模と個人

大規模な集団は多様な意見を集めるのに適しているのに対して，何かを素早く決定する場合には小規模な集団が適している。多様な意見を集めるには多くの人の参加が必要になるが，多くなりすぎるとコンフリクト（争い）が発生しやすく収拾がつきにくくなる。

大規模な集団で発生する問題はぶら下がりである。ぶら下がりとは，個人が集団のなかで働くときに単独で働くときほどには努力をしない傾向をいう。個人の貢献が特定されないと集団の努力にただ乗りする者（フリーライダー）が現れる。個人は集団全体の成果の背後に隠れることができるからである。

(2) 集団の構成

さまざまな知識や能力そしてスキルを備えた個人が集まっていることで，集団は価値を高める。分業は1つの作業を複数に分割して，分かれてできた作業を集中して行わせることで専門性を高めていくもので，さまざまな知識やスキルを有する個人をつくりだす方法とみることもできる。情報や知識の移転の面からすれば，あるメンバーが保有する異質な情報が，集団の他のメンバーにとって価値のある場合が望ましい。いくら異質であっても他のメンバーに価値のないものでは意味がない。

2. 意思決定

　意思決定に基づいて人間は行動する。企業組織では多様な意思決定が行われ，実行に移されていく。新規事業を何にするのか，誰を営業課長に昇進させるのか，あるいは研究開発にどれだけの予算を掛けるか，などさまざまである。また，個人による意思決定に加え，会議などでの集団的意思決定が頻繁に行われている。意思決定とは，目的を達成するために2つ以上の代替案のなかから1つまたは少数の代替案を選択することをいう。意思決定を無駄なく効率よく合理的に行うことが理想であるが，実際の意思決定は決して合理的ではない。合理的意思決定についてみた後で，実際の意思決定について考察する。

2.1　意思決定における合理性の限界

　目標を効率よく達成するために意思決定は合理的に行いたい。合理的意思決定のプロセスは次のとおりである。
(1) 問題を認識する。
(2) 意思決定に必要な判断基準を挙げる。
(3) 判断基準に重みづけをする。
(4) 代替案を考える。
(5) 各々の案を判断基準に照らして評点をつける。
(6) 最適な案を選択決定する。

　合理的意思決定ではさまざまな状況が明確に予見できることが求められ，次の条件が必要となる。
(1) 問題が明確に理解されている。
(2) 判断基準について選好関係がはっきりしている。
(3) 代替案がすべてわかっている。
(4) 時間や費用の制約がない。

現実の世界では合理的モデルのような意思決定はまずない。就職先を決める際，あるいは自動車を買うときに，あれこれ悩むのは合理的な意思決定がいかに難しいかを示している。また自分に合った就職先といっても，そこで実際に働いたわけではないのだから判断する材料は乏しい。自分の適性ややりたいことが何かもはっきりとわからず漠然としていることが多い。加えて個人の価値観や感情による影響も大きく意思決定を左右する。好き嫌いや偏見による判断は大半が合理的ではない。女性を差別する男性上司のもとでは，優秀な女性がなかなか評価されず昇進できないことがある。

合理的意思決定が難しいので，どうにか許容できる適当な解決策を見つけて満足できればよいということになる。人間の情報処理能力には限りがあるので，最適な答えを出すのに必要な情報のすべてを見通すことはできない。そこである程度のところで満足することが求められる（満足化基準）。人々が探り出す解決策が最善であることは少ない。また，過去の経験が意思決定に反映される。準拠する判断基準が異なれば同じデータであっても見方は異なってくる。

意思決定者が自己の利益を追求する点も無視してはならない。意思決定者が組織にとっての利益と，自分自身の利益のどちらかを選ばなければならないとき，自身の利益が優先される傾向がある。これを機会主義的行動と呼ぶ。また，過去の意思決定が誤りであることを認めたくなくて，無駄な資源投入を続けてしまうことがある。これはコミットメントのエスカレーション現象といって損失が拡大する原因の1つである。バブル経済の崩壊がはじまったのに，融資を拡大し続けた金融機関の事例は，こうしたエスカレーション現象を示すものといえるだろう。

2.2 集団による意思決定

解決すべき問題を理解し，代替案に対する判断基準を設定することも簡単ではないが，実際の意思決定における一番の課題は，いかにして代替（解決）案を考え出すかである。問題解決のために思いつくことができる案には限りがある。すばらしい解決策を見いだせれば，その意思決定もよりよいものになる可

能性が高まる。創造性の高い人やバックグラウンドの異なった人がいるなら，画期的な解決策が見つかるかもしれない。

　個人よりも集団の意思決定であれば，考え出される解決策の数も増える可能性は高まる。もっとも後で述べるように，集団の意思決定では個人のユニークな見解が圧殺される場合もある。ブレインストーミング法やKJ法は，斬新な代替案を多く出させるための工夫である。

ブレインストーミングとKJ法

　ブレインストーミングとは，自由に意見を出し合い，あるテーマに関する多様な意見を出させる技法である。基本的なルールは，意見の質より提案数を重視する，批評をしない，粗野な考えを歓迎する，などである。ブレインストーミングは，選択肢を増やすための手法であって最終的な決定に至るものではない。

　川喜田二郎が考案したKJ法は，ブレインストーミングで得られた多様な見解をまとめ，さらに新たなアイディアを発想しようというものである（川喜多, 1967）。メンバーから提示されたさまざまな意見や情報を1つずつカードに書き込み，似通ったものを集めてグループ化していく。次にそれらを小グループ，中グループ，大グループへと分類化し，タイトルをつける。そして最終的に，それらの関係性を図示し情報を体系的に整理し，そのテーマの問題解決をするための手がかりを得る。

　集団の意思決定は個人の場合よりも，優れたものになることが期待される。三人寄れば文殊の知恵との諺があるように，意思決定プロセスにおいて問題点の把握，判断基準の選定，選択肢の案出，そして解決策の決定すべてにおいて個人よりも幅のある多様性の高い意見が提供されやすいからである。しかし現

実には，必ずしも集団の意思決定のほうが優れているとはいえない。

(1) 組織的制約

意思決定には，組織の業績評価や報酬システム，あるいは組織に課せられた時間的な制約が反映する。組織で以前になされた決定も意思決定を制約する先例となる。減点主義の人事制度の下では，変革にむすびつく意思決定は難しくなるだろう。

(2) 集団の価値観

個人の意思決定の場合，その人の持つ価値観が影響するところが大きい。同様に集団においても，当該集団が共通の価値観や文化を有する場合がある。集団のメンバーが同一の価値観を持っていると，その価値観に意思決定が影響されてしまうのである。先に述べたように複数の人々がいることで，多様な意見や案が出されるところに，集団による意思決定の意義がある。ところが同一の価値観のもとでは，その多様性が実現されなくなってしまう。

宗教に基づいて形成された集団や，他集団との交流の乏しい，メンバーの入れ替わりの少ない閉鎖的な集団では，こうした弊害が生まれやすい。

(3) 集団浅慮（グループシンク）

集団の意思決定は民主的で，多様な意見が検討された後に決定されると考えられている。しかし，現実の集団では，最初から結論が決まっていることがあって，そこから逸脱することを許さないことがある。多数派はみずからの考えに固執し，それを絶対視するあまり極端な主張に走る。一方，少数派は反対意見を引っ込め，多数派の意見に従うだけが集団の意思決定の現実であることも少なくない。集団浅慮とは，集団のメンバーたちが意見の統一に夢中となり，さまざまな行動の選択肢の正しい評価ができなくなってしまう現象である。全員賛成の圧力がかかり反対意見を言い出せない雰囲気が醸成されてしまう。

ジャニス（Janis, 1972）は集団浅慮の例として，アメリカ合衆国の安全保

障会議において非常に優秀なメンバーからなる集団が形成されていたにも関わらず,キューバ侵攻作戦や北ベトナム爆撃といった愚かな決定が行われたことを挙げている。

集団浅慮に強い影響を与えているのは次の点だとされる。①集団の凝集性,②リーダーの権威,③外部からの孤立,④時間的プレッシャー,⑤意思決定手続きの不履行,である。集団浅慮への対策は少数意見や反対意見に聞く耳を持ち,自分の意見のチェックを欠かさないことという,きわめて常識的な民主主義のルールである。

ゴミ箱理論

人間には合理的な意思決定はできないとする立場から1972年にコーエン,マーチ,オルセン(Cohen, March, and Olsen, 1972)が提唱した理論である。ゴミ箱モデルでは,意思決定の要素として「選択機会」「参加者」「解」「問題」の4つを考える。「選択機会」がゴミ箱に例えられ,他の3つの要素がゴミ箱に放り込まれ,ときには取り出されるゴミとして扱われる。集団における意思決定を行う場合に会議をする場合が多いが,こうした会議は選択機会であり,つまりはゴミ箱となる。

時間の経過と共に,参加者は変わるし,その考え方も変わる。問題のとらえ方が変わって多様な問題が持ち込まれる。提案される解もさまざまで,ある問題の解として提起されることもあれば,反対に解がそれにふさわしい問題を探すこともある。まさに,さまざまなゴミがゴミ箱を出入りする様相を呈する。そうしたなかで最終的な期限が来たときに決定が行われる。集団における意思決定は,必然的に生み出されるものではなく,4つの要素が偶然に結びついた結果でしかない。

現実の意思決定は合理性とかけ離れたものであり,実は場当たり的である。

2.3 組織の意思決定

　組織とは目標を効率的に達成させるためにコミュニケーションを通じて，メンバーに共通の目的を持たせ，協働意思を形成する仕組みである。目標達成を強く志向する組織の場合，集団の意思決定よりも固定された，型にはまったものにする必要がある。

　型にはめるとは必要な意思決定の幅を狭めることと定型化することであり，人間の能力の限界を克服するために必要なことである。組織は分業と調整のパターンを持つが，分業によって意思決定の幅は小さくなる。分業によって特定の活動に集中できるようになれば，経験のある意思決定を繰り返すことになり，間違った決定をする可能性を低められる上に，意思決定者の負担も軽減できる。一定の方式や手続きを設定することで意思決定を定型化すれば，新しい代替案の探求による問題解決の能力はとくに必要とされない。個々人の能力に応じた意思決定を行わせることが可能になる。

　組織階層は，意思決定の定型化の水準に基づいて形成されると考えられる。下の階層では定型的な部分が多くなり，意思決定に求められる能力も小さくて済む。上位の階層になるにつれて，定型性が弱まり非定型な意思決定が多くなっていく。企業の組織を考えてみればわかるが，現場のヒラ社員から，係長，課長，部長となるにつれて，意思決定は非定型的となり，意思決定の幅や自由度も広がっていく。上司は部下が処理できない問題を解決し，他の部署との調整を行うことのできる権限が与えられていることの結果である。

　ここで問題なのは，非定型な意思決定を行うべき上位階層にいる経営幹部たちが定型的な意思決定に執着する弊害である。過去に上手くいった経験をベースに意思決定を繰り返すことは，まさにこれにあたり前例主義などといわれる。変化の激しい経営環境のもとでは，過去の成功事例は意味を持たないことが多い。前例主義にたって過去の決定を繰り返すことは人間にとって楽なことであるが，非定型的な意思決定が求められている場面でそれを回避することは，組織を危機に陥れることになる。バーンズとストーカー（Burns and Stalker, 1961）は機械的組織と有機的組織とを区別し，前者は安定した企業環境に適し

ているのに対して後者は変化の激しい環境に適しているとする。機械的組織は前例を繰り返していれば済む，定型的な意思決定が中心の管理システムであり，有機的組織は，変化に上手に対応していくために非定型的な意思決定を必要とするシステムである。企業環境の変化が激しい場合，有機的組織のシステムが求められるといえるだろう。

2.4 チームの活用

　企業内で形成されるチームは集団の一種だが，一般の集団よりも明確化された目標の達成をめざすものである。なんらかの問題を解決するために形成されることが多く，非定型な意思決定を行う場合が多い。リーダーがいても単に命令を下すというよりも，メンバーのスキル，経験，そして知識を引き出すことに主眼が置かれる。メンバーの協調を通じて投入量の総和よりも大きな価値を生みだすように編成されることが期待されている。企業活動へのチームの活用は，日本企業が得意とするところであったが，現実には世界中の企業がチームの有効活用に躍起になっている。

　チームが最も生産性を高められるのは，多くのタイプのメンバーがいて，そこから多様な発想や見解が生まれるときである。幅の広く多様な人間が集まった場合，一緒にいる時間が短期だと，チームの目標達成が困難になる場合が多い。短期間では，互いの相違点から生まれるメリットを十分に理解できない。十分な時間をかけて一緒に過ごしたチームは，互いの違いも十分に理解したうえで，よりすぐれた創造性を示すことができる。異質な人材でのチーム編成には十分な時間を与える必要がある。だが一方でメンバーが固定されたままではマンネリ化し新しい発想がうまれにくくなる。ときにメンバーチェンジも必要である。

(1) 部門内型チーム

　同じ部署の複数の従業員で構成され，品質問題，効率性，あるいは職場環境について改善を提案するチームである。典型例はQCサークルである。職場で発

生する問題について従業員みずから考え解決策を提案していく。現場のことを一番よく知っているのは現場にいる人々である。仕事をするなかで得られた情報や知識そして経験をベースに話し合い，改善に結びつけている。ただし，部門内での改善提案にとどまるもので，企業全体の変革を起こすには不十分な面がある。

(2) 部門横断型（クロス・ファンクショナル）チーム

　日本企業では非公式なコミュニケーションを頻繁に行うことで，部門間の情報共有や協力を実現してきた。その意味でクロス・ファンクショナル・チームの源流は日本企業にあるともいえる。80年代の日本企業の活躍を分析した欧米企業は，日本企業のこうした非公式な活動を公式のものに変えて導入していった。ただし，日本企業のチームは上述の部門内型チームが主であり，部門横断型では少なかった。

　部門横断型チームは従来，プロジェクトチームあるいはタスクフォースと呼ばれてきたものである。そのメンバーは開発，生産，販売，経理などといった多彩な職能分野から選抜されるので職能横断型と呼ばれる。同質的なメンバーから構成されるのではなく，異質なメンバーから構成される。異なった知識，視点や意見がもたらされることで，経営課題の解決に役立つ。

　日産自動車が経営危機から立ち直った背景にもクロス・ファンクショナル・チームの導入があった。事業の発展，収益の改善，そしてコスト削減を目的とする計画の提案に向けて9つのチームがつくられ，画期的なアイディアの提案が行われたという。

(3) 自己管理型チーム

　QCサークルにせよ，クロス・ファンクショナル・チームにしても，業務改革や改善の提案をするところまでで，解決策を実行して結果について責任を持つことはない。自己管理型チームでは，上司が担っていた管理業務もチームの仕事となる。あるメーカーのクロス・ファンクショナル・チームの活用では，

通常とは異なり自己管理型チームへと発展させたものを導入し業績を急回復させた。チームごとに経常利益やキャッシュフローの目標値が示されていて，社内ミニカンパニーのようになっていたという。京セラのアメーバ組織は，このような自己管理チームに該当するだろう。

3. 集団におけるメンバー間の相互作用：コミュニケーション

いかなる組織においても，コミュニケーションは不可欠の要素である。人々の間に協力関係を築き，目標を効率よく達成させるためには，人々の活動を調整しなければならない。コミュニケーションはそのための手段として働く。

コミュニケーションとは意思の伝達と理解を両方とも含むものである。どんなに良いアイディアも相手に伝わり理解されなければ意味がない。ある個人が，誰かに意図を伝えようとする場合のプロセスは，送り手，送ろうとしているメッセージ，メッセージを送るための媒体，それを受けとる受け手の4つの要素から構成される。意図はそのままでは伝達されることはない。何らかの記号化が行われ，それが会話，メモ，電話，あるいは電子メールなどの媒体に乗せられて，受け手のところに伝わり，解読されることになる。誤って解読されることがあるので，送り手にフィードバックされて解説された意味内容の確認が行われる。

送り手の意図が思いどおりに受け手に伝わらないことがある。受け手による解読は，その人の認知プロセスに依存している。人はそれぞれ過去の経験や現

図表5−2 コミュニケーションのプロセス

送信者	→	記号化	→	伝達経路	→	解読	→	受信者
				フィードバック				

出所：筆者作成。

在の価値関心において異なるし，判断や行動の準拠枠組みが相違する。送り手の符号化したものが，送り手の意図どおりにそのまま解読されることはむしろ少ない。コミュニケーション・プロセスにおいて，受け手は物事を選択的に見聞きする。自分の関心や期待がどうしても反映されてしまう。組織のなかの立場によって解読の枠組みが異なることもある。あるいは送り手が意図的に情報を操作し，受け手の印象をよくしようとすることがある。部下は上司に対して，悪い情報を伝えたがらないのは一例である。

3.1 コミュニケーションの方向性および伝達経路

コミュニケーションの方向には，垂直のものと水平のものがある。垂直コミュニケーション（上方向と下方向）において，上司から部下への命令が下方向のコミュニケーションである。上が決定して下が実行するという階層組織において本質的なコミュニケーションといえる。反対に部下から上司への報告は上方向へのコミュニケーションといえる。水平コミュニケーションとは，話し合いや同僚の間で行われるコミュニケーションである。縦方向のコミュニケーションが効果的に行われている場合に，横方向のコミュニケーションが行われるのは時間の節約と調整の円滑化のためである。横方向のコミュニケーションは，非公式のものであることが多いし，ときにはコンフリクトの原因にもなる。

コミュニケーションの伝達経路には以下のものが挙げられる。

① 会話と書面

会話によるコミュニケーションは迅速さとフィードバックが利点である。主な欠点はメッセージが多くの人を経由して伝達されるときに生じる。その理由は伝言ゲームを考えてみればすぐにわかる。経由する人の数が増えるほどメッセージの読解に歪みが生じやすい。

書面によるコミュニケーションには，メモ，手紙，電子メール，FAX通信，あるいは掲示板による通知などがある。送り手および受け手が書面によるコミュニケーションを選ぶ理由は，それが記録に残り後から双方で確認できるからである。会話によるメッセージよりも書面のほうが十分に考えられた内容にな

ることが多い。ただし書面によるコミュニケーションには時間がかかる。

② 非言語コミュニケーション

口頭でメッセージを伝えるときには，非言語メッセージを発していることが多い。送り手も受け手も，こうしたメッセージに注意しなければならない。

口コミ

口コミは口頭でのコミュニケーションの略とされる。コミュニケーション・ネットワークの重要な構成要素である。非公式集団では口コミによるコミュニケーションが行われ，集団の規範をメンバーに浸透させている。とくにインターネット技術の発達とともに，個人の私的見解を世界中の人々に向けて発信することが可能になった。掲示板，ブログ，SNSなどが，企業経営に思わぬ影響をもたらすことも多い。

3.2 コミュニケーション・ネットワーク

チェーン（鎖）型，ウィール（車輪）型，そしてオールチャネル（全経路）型の3つが基本的なネットワーク・チャネルである。チェーン型は公式の指揮命令系統に厳密に即したものである。ウィール型ではリーダーがグループ全員にとってのコミュニケーションの中心的媒介者となる。オールチャネル型ではメンバー全員が互いに積極的にコミュニケーションをとることができる。

チェーン型とウィール型は公式の組織構造でよくみられるもので，本来的に垂直的コミュニケーションである。オールチャネル型は会議などの話し合いでよく生ずるもので水平的コミュニケーションを基本としている。オールチャネル型はチェーン型とウィール型を補完するものとして使われる。また，情報や見解を素早く伝達し，評価しあう関係が形成されるので，変化の激しい環境や不確定性の高い環境で意思決定をするのに適している。

図表5−3　チェーン（鎖）型　ウィール（車輪）型　オールチャネル（全経路）型

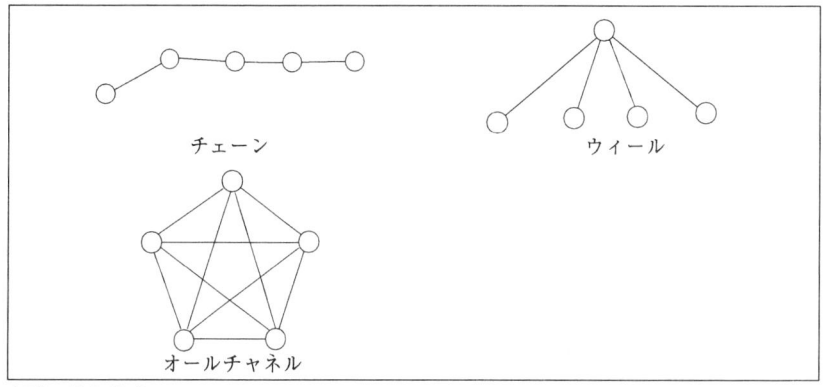

チェーン

ウィール

オールチャネル

出所：筆者作成。

4. 集団におけるパワー

　パワーとは，AがBの行動に影響を与え，Bに実行させる，あるいは反対に実行させないようにする能力をいう。BのAに対する依存度が高いほど，2人の関係におけるAのパワーは大きい。依存関係は選択肢の数と重要性によって決定される。こうした依存関係は，人と人の関係に限られるわけではなく，集団間や組織間でも生じる。

　他人が必要としているものを自分だけが支配している場合，その他人を自分に依存させることができる。誰も必要としないものを持っていても依存にはつながらない。相手への依存は代替するものが少ないときに，つまり選択肢が限られるほど大きくなる。組織にとって欠かせない重要な役割を果たすと認識される人々のパワーが強まるのは，彼らの代わりを務める人たちがいないからである。リーダーシップとパワーの違いは何かといえば，パワーは依存関係を必要とするだけで，目標の一致を必要としない。リーダーシップはリーダーの目標と部下の目標の一致をある程度は必要とする。

4.1 パワーの源泉

フレンチとラベン（French & Raven, 1959）は，パワーが生みだされる源泉について次の5つを挙げている。

①報酬パワー：AはBに対して報酬を与えることができるというBの認知に基づくパワーである。人が他人の命令や指示に従うのは，自分にとってメリットが生じるからである。

②強制パワー：AはBに対して，従わなければ罰を与えることができるというBの認知に基づくパワーである。強制力は恐怖心に依存するものと定義される。強制力は苦痛を与える，あるいは心理的な圧迫を加えることで成立する。報酬パワーと強制パワーとは対をなす概念である。

③正当性パワー：AはBの行動に影響を及ぼすべき正当な権利を持ち，これを受け入れるべきであるというBの認知に基づくパワーである。組織の公式のヒエラルキーにおける地位の結果として得られる権力である。正当性パワーには強制力や報酬力も備わっているが，それよりも範囲は広い。指示を受ける側の権限受容の範囲にあれば，それに従うことになる。

④専門性パワー：Aは特定の知識や技術に関して，自分よりも優れているとBが認知することによって成り立つパワーである。現代のビジネスでは弁護士，会計士，そしてコンピュータ技術者などの専門家に依存している。彼らは専門性パワーを有していると考えられる。

⑤準拠性（同一視）パワー：Aに対して魅力を感じ，一体でありたいと願うBにおける同一視（アイデンティフィケーション）に基づくパワーである。カリスマ性と似通ったもので他人への賞賛やその人のようになりたいという欲求から生じるものである。

4.2 パワーと政治的行動

政治的行動とは，利益および不利益の配分に影響を与える，あるいは与えようとする活動である。パワーを有していないからこそ政治的行動をとる。人や集団そして組織は，さまざまな利害関係のなかでみずからが有利になるような

行動をとる。それはパワーを得ようとする行動であり、所属集団や上位組織の目標や意思決定プロセスを変える要因となる。

労働者は単独では、賃金その他の労働条件を変えるだけのパワーを通常持っていない。パワーを獲得するために団結し労働組合をつくり、団体として経営側と交渉する。これは政治的行動の1つである。自部門への予算配分を増やすために、予算を左右できる立場にいる担当役員を説得するのも政治的行動である。パワーの保持者を味方につけることで、自分のパワーを増すのである。

政治的行動が生じやすい組織や集団の特徴は、①信頼関係が希薄である、②民主的な意思決定が行われている、③個人単位での業績評価が行われている、④利得関係がゼロサムになりやすい、などが挙げられる。政治的行動をとりがちな個人の特徴としては、権威主義的な人、他者への依存を意識している人などが挙げられる。

5. 集団とコンフリクト

コンフリクトとは葛藤あるいは対立を意味する。集団や組織においては、どうしても意見の違いや、利害の衝突が起きる。たとえば営業部門では販売成績を上げるために、顧客の要望に応えて製品の種類を増やすことを希望する。ところが製造部門では、製品の種類を増やすことが生産費の増大につながるとして反対する。全社的な目標があるとしても、部門ごとのサブ目標が発生してくることは避けられないので、コンフリクトが生じる。

コンフリクトに対する伝統的見解では、組織や集団にとってコンフリクトは悪であり取り除くべきものとされた。そこではコミュニケーションが十分でなく、互いに不信感がある結果としてコンフリクトが生じると考えられた。しかし、1940年代後半から有力となった人間関係論の立場からは、コンフリクトの発生が不可避であり、集団や組織はコンフリクトを受け入れざるを得ないものとされるようになった。

現在のコンフリクトに対する見解は相互作用論に基づくものである。コンフ

リクトの発生を受容した人間関係論の立場から一歩進んで，コンフリクトを奨励するというものである。見解が対立することは，しばしば上質のアイディアを生みだすこともある。葛藤関係をうまく処理できれば創造的な解決策を生みだしてくれる。

ポンディ (Pondy, 1967) によると，コンフリクト関係は組織にとってプラスにもマイナスにも働くという。ポンディはコンフリクトのプラス面について次のように述べる。中程度のものであれば必ずしも組織にとって負担にならない。むしろ，コンフリクトのないところでは緊張が生じることなく，退屈だけを感じることになる。ドイッチ (Deutch, 1971) によると，コンフリクトは関心や好奇心を刺激して，人々の行動を活性化させることになる。コンフリクトのない仲の良い協力的な集団は変革に対して消極的になってしまうので，ある程度のコンフリクトが活性化のためには必要であるとドイッチはいう。コンフリクトに価値を見いだせるのは，創造性が発揮されたり変革を進める環境が形成されたりするときである。それは，多様な対立する見解が出されて比較検討されやすくなる場合であるといってよいだろう。

5.1　コンフリクトのプロセス

コンフリクトの代表的な発生理由の第1のものは資源の希少性であり，少ない資源をめぐって互いに争うがゆえに生じる。部門間で予算配分を争う場合などはその例である。第2は自律性の維持であり，互いが自律を求めて他者をコントロールしようとする。自己充足性が低く相互に依存する関係にある部門間ではコンフリクトが大きくなる。第3は共通目標が確立できず協力関係のコンセンサスが成り立たない場合である。さきほどの販売部門と製造部門のコンフリクトは，こうした例である。ロビンズ (1997) はコンフリクトのプロセスについて4段階に分けて説明している。

(1)第1段階　潜在的対立

コンフリクトが発生する潜在的要因は次の3つである。

① コミュニケーション
　言葉の意味の食い違い，情報交換の不足，コミュニケーション経路のノイズ等はコミュニケーションの障害となり，コンフリクトの潜在的条件となる。
② 構　造
　ここでいう構造とは，規模，タスクのルーチン化や専門化あるいは標準化の程度，グループの異種混交性，リーダーシップ・スタイル，報酬体系，グループ同士の依存度などを意味している。規模と専門化はコンフリクトを増長させる。
③ 個人的変数
　個人的な価値観と個々人の特異性や相違点である。個人的に異なるほど理解しあえない。反対に，個人間に相違するところが少ないほど，同質的であるほど，互いの気持ちを理解できコンフリクトは発生しにくい。また，個人特性が権威主義的な人物は，意見の相違に耐えられず人間関係を悪くすることが多い。

(2) 第2段階　認知と顕在化
　第1段階の潜在的対立が，この第2段階で顕在化する。少なくとも一方の当事者がコンフリクトの影響を受け，そのコンフリクトを認知する。感情的な反応として当事者に不安，緊張，不満，敵意などが出現しがちである。

(3) 第3段階　行　動
　この段階では，メンバーが意図的に他者の目標達成を妨げたり利益の向上を阻止したりするようになる。この時点になると，コンフリクトへのさまざまな対応策がとられるようになる。それらは競争，協調，回避，適応，そして妥協である。
　① 競　争　みずからの利益を求めて争い，相手を打ち負かし支配しようとする。
　② 和　解　みずからの利益を捨て相手に譲る。相手との関係継続を第一とする。

③ 回　避　自己そして相手の利益追求が表面化しないようにする。
④ 妥　協　みずからも譲るが，相手も譲るように仕向ける。
⑤ 協　力　自分そして相手の利益が共に大きくなることをめざす。

(4) 第4段階　結　果

コンフリクトは良い結果にも悪い結果にもつながる。コンフリクトが重要な問題を顕在化しメンバーの関心を高めることで，意思決定の質が向上する場合がある。グループシンクは，コンフリクトを回避しようとしすぎたために生じる弊害であると考えられる。反対に，コンフリクトが集団の崩壊をもたらすこともある。

【参考文献】

Asch, S. E., "Effects of Group Pressure upon the Modification and Distortion of Judgments", pp. 177-199, In Guetzkow, H., *Groups, Leadership and Men*, Pittsburgh, Carnegie Press, 1951.

Burns, T, and G. M. Stalker, *The Management of Innovation*, Oxford University Press, 1961.

Cohen, M. D., J. G. March, and J.P. Olsen, A garbage can model of organizational choice, *Administrative Science Quarterly*, 17, 1972, pp. 1-25.

Deutch, M., Toward an understanding of conflict, *International Journal of Group tensions*, 1, 1971. pp. 42-54.

French, J. R. P. Jr. and B. Ravan, The basis of social power. In D. Cartwright (ed.) *Studies in Social Power*, Ann Arbor, Mich., Institute for Social Research. 1959.

Gouldner, A. W., Cosmopolitans and locals: Toward an analysis of latent social social, *Administrative Science Quarterly*, 2, 1958, pp. 281-306.

Homans, G. C., *The Human Group*, New York, Harcount Brace Jovanovich, 1950.(馬場明男・早川浩一訳『ヒューマン・グループ』誠信書房，1959)

Homans, G. C., *Social Behavior: its Elementary Forms*. 2nd ed. New York: Harcount Brace Jovanovich, 1974. (橋本　茂訳『社会行動―その基本形態』誠信書房，1978)

Janis, I. L., *Victims of Groupthink: a psychological study of foreign-policy decisions and fiascoes*, Boston, Houghton-Muffin, 1972.

川喜田二郎『発想法―創造性開発のために』中央公論社，1967。

Mayo, E., *The Human Problems of Industrial Civilization*, New York: Macmillan, 1933.(村本栄一訳『産業文明における人間問題　ホーソン実験とその展開』日本能率協会，1967)

大橋昭一・竹林浩志『ホーソン実験の研究―人間尊重的経営の源流を探る』同文館，2008。

Pondy, L. R., Organizational conflict: Concepts and models, *Administrative Science Quarterly*, 12, 1967, pp. 296-320.

Robbins, S. R., *Essentials of Organizational Behavior*, 5th. ed., 1997.(高木晴夫監訳『組織行動のマネジメント』ダイヤモンド社，1997)

Summers, I, T. and T. Coffelt, and R. E. Horton, Work-Group Cohesion, *Psychological Reports*, October 1988, pp. 627-636.

第6章
モチベーション

　仕事への意欲の高い人々からなる組織は、そうでない場合と比べて能率的で高い成果を上げていると考えられる。この章では、仕事への意欲を高める（モチベーション）には何をするべきかについて検討していく。

　バーナードは組織均衡という考えを提唱している。組織からそのメンバーに提供される誘因が当該組織への貢献が少なくとも等しいか、それ以上の場合（誘因≧貢献）に、協力しようという意欲が生まれ、その意欲が継続され続けるという（Barnard, 1938）。誘因の例としては、給与など経済的報酬に加え、賞賛、自己実現、上司や同僚たちの関係なども含まれる。経済的報酬のみでは組織側の負荷が大きくなり、誘因≧貢献を維持することは難しいので、それ以外の誘因をミックスすることが必要になる。組織目的の達成と個人の満足をともに実現するには、組織が誘因を与えることで協働する意欲を喚起し、具体的貢献を得るというプロセスが必要になる。

　人々に対して組織への貢献を引き出し、あるいは組織に協力させることは組織を創造し維持する上で、最重要な課題であるといえる。モチベーションは人々のやる気を引き出し、怠業や欠勤を減らすというだけではなく、企業価値の創造や維持という大きな問題に関わる。

1. 組織と人間観

　人間がどのように考えて、いかなる行動をするのかについてはさまざまな見方があり、時代とともに移り変わってきた。仕事への意欲を高める方法について考えるとき、人間をどう捉えるのかはかなり重要である。主な捉え方として

経済人モデル，社会人モデル，自己実現人モデル，そして複雑人モデルを挙げることができる。

経済人モデルとは，経済的報酬のいかんによって，人々の行動は変わるという人間観である。経済的報酬を増やせば，人はやる気をだすと考えられていた。テイラー（Taylor）の科学的管理法が前提にしていた人間観は経済人モデルである。作業の標準化を実施し合理的な作業方法を追求する。そこでは標準を上回る仕事が達成できたかどうかによって，報酬に違いを出すという差異出来高給制度が提唱された（車戸，1987）。監督者の経験と勘に頼った場当たり的な管理方式（成行管理）が横行していた当時，科学的管理方法は，公平で公正な管理方式であった。

しかしながら経済人モデルでは，人間の行動のすべてを説明し尽くせないことが判明してきた。決定的であったのはホーソン実験からの成果であった。照明照度実験，休憩時間パターンの変更，そして軽食提供の有無などの物理的かつ経済的な条件が，改善されても悪化されても工場の生産性は上がり続けたのである。ホーソン実験を通じて得られた結論は職場において，公式に形成された職場での関係とは別に，自然に選ばれたリーダーの下に自主的なグループが形成され，それが独自の規範を持ち，生産能率をも支配していることが判明した。これが社会人モデルの発見である。つまりは人は経済的報酬だけで動くのではなく，グループに所属していたいという欲求（帰属欲求）を持って行動する。

社会人モデルの欠陥は，それが依存的な人間モデルを前提にしている点にある。アージリスによると人間は発展する有機体であり，未成熟状態においては受動的，依存的，消極的であるが，成長に従って成熟状態となると能動的，自立的，積極的な行動をとるようになる（Argyris, 1957）。上司らによる命令は，働く人が依存的な存在であることを前提にしている。そうではなく仕事の面白さ自体を追求するというように，人間には仕事に対する積極的な姿勢があり，それがイノベーションの原動力となっている。人間はみずから定めた目標に向けてみずから行動する。こうした人間の捉え方は自己実現人モデルと呼ばれる。

自己実現人モデルの問題点は人間の把握が一面的すぎる点である。経済的報

酬のみのためにがんばるという人もいるし，職場の人間関係が何よりも大切だという人もいる。一方で，1人の人間のなかにも，いろいろなモデルの人間モデルが同居していることもある。そう考えると組織のなかの人間の複雑性を認めてしまったほうがよい。それぞれの人にふさわしい対応をしたほうが望ましいといえる。現代社会に最も合致する人間モデルは複雑人モデルといえるだろう。

2. モチベーションの理論

　モチベーションの考え方には，大きく分けて2つある。1つは，人は何によって組織に貢献するのか，つまりは何が与えられるとき，人は働くことを動機づけられるかについてのものであり，欲求説あるいは内容説と呼ばれる。他方は，人はどのようにして動機づけられるかという，動機づけられるプロセスに注目するもので，過程説あるいは文脈説と呼ばれる。またその人個人の意図や関心を重視するので，選択説とも呼ばれる。

2.1　欲求説の理論

　欲求説は，個人は何によって動機づけられるか，を考察する。職業に就き働くことの動機は，お金を得るためが最も多いだろう。だがそれだけだとはいえない。マズローによると，すべての人は成長したいという生来の欲求があり，自身の潜在的な能力を最大限発揮したいという欲求を持っているとされる（Maslow, 1954）。最も高次で人間的とされるものは，自己実現欲求であり，欲求を満たそうとする行動そのものを目的としている。

(1) 5段階欲求説

　すべての人は全体を見通したい，成長を続けたいという生来の欲求があり，自身の潜在的な能力を最大限発揮したいという欲求を持っているとされる。これはすべての人に可能なことではない。高い次元の人間的とされる欲求は，低

次の欲求が充足されて後に実現するものとマズローは考えた。欲求は階層を形成しているとされ，低次の欲求が充足されると，高次の欲求を満たそうという動機が生まれるという。

カネやモノ，さらには，尊敬や愛情に不足している人たちは，それらの欠乏を満たすことに動機づけられ行動する。それらが得られれば，欲求は充足されることになり，それ以上の要求行動が喚起されることはない。これらの欲求には，食欲，睡眠などの生理的な欲求から，衣や住に関わる安全の欲求，所属や友人を求める愛情欲求，さらに自分が他人より優れていたいとする自尊の欲求へと階層をなしている。

こうした下位に位置づけられる欲求がすべて充足されると，これらの動機による行動喚起はなくなる。下位の欲求は，欠乏しているがために充足したいとする動機づけであるために，欠乏動機とされる。他方，上位の欲求とは，満たされると関心がなくなるというよりも，満たされるほど，いっそう関心が強化されるので，成長動機として呼ばれる。その代表的な欲求は自己実現であり，行動そのものを目的とする終わりのない欲求とされる。

図表6-1　マズローの5段階欲求説の整理

・①生理的欲求　②安全欲求　③愛情欲求　④尊厳欲求　⑤自己実現欲求
・低次の欲求と高次の欲求の関係
　　①→②→③→④→⑤
　　低次の欲求が満たされると次の段階の欲求が現れる。

出所：筆者作成。

生理的欲求とは生存していたい，そのために必要なものを獲得したいという欲求である。安全欲求は平穏無事に生活したい，危険にさらされたくないという欲求である。愛情欲求は人と仲良くしたい，愛されたいという欲求である。尊厳欲求とは，人から尊敬されたい，高く評価されたいという欲求であり，これには他人によるものだけではなく，自分の能力に自信を持ちたいという内発的な尊厳欲求も含まれる。自己実現欲求は自分の能力の可能性に挑戦したいとい

うものである。欲求5段階説に対応する労務施策として次のものが考えられる。
・生理的欲求の充足：最低賃金の保障
・安全欲求の充足：終身雇用制
・愛情欲求の充足：社員旅行，運動会などのリクレーション
・尊厳欲求の充足：適切な人事考課，表彰制度
・自己実現欲求の充足：提案制度，権限委譲

マズローの5段階の階層モデルは，組織のなかの人間行動を説明するための手がかりを提供しているが，実証的な支持は得ていない。ウォーターズとローチ（Waters and Roach, 1973）では，2つの因子が抽出されたが，仕事そのものに関する内発的と賃金や人間関係のような外発的な2つの要因に対応するものであった。また，ホールとノウゲム（Hall and Nougaim, 1968）によると，ある欲求に満足することと，より高次の欲求の充足を求めることとの間に，正の相関は認められなかった。

大学教員と任期制

日本の大学の教員は基本的に，終身雇用と年功序列で処遇されてきた。これに対してアメリカの大学では，3年や5年経つごとに研究教育について業績審査を受け，一定の業績を上げていれば再契約されるし，そうでなければ解雇される。業績を上げ続け，契約を何度か更新した人には終身在職権（テニュア）が与えられ，初めて終身雇用が保障される。こうした任期制が導入されると，教員の行動はどう変化するだろうか。

失職の可能性がつきまとうということは，生理的欲求が満たされなくなる可能性がある。さらに将来に不安があるので，安全欲求は満たされていないと考えられる。終身雇用であるなら生理的欲求と安全欲求は満たせるわけだが，任期制にあると，これらの低次の欲求を満たすために研究と教育に努力しなければならなくなる。

(2) X理論・Y理論

マズローの動機理論を産業社会に応用したものとして，マクレガー (McGregor, 1960) のX理論とY理論がある。それまで動機づけの対象は主に工場で働く労働者であったが，第2次世界大戦後になると，オフィスで働くホワイトカラーの生産性をどう高めるかが課題となってきた。マクレガーは企業でのインタビュー調査を通じて，組織の目標と個人の目標を調整することができれば，企業目標の達成がより効率的となると考えた。彼は以下の2つの人間観を提示し，ホワイトカラーについてはY理論をベースに考えるべきだとした。

X理論：ふつうの人間は，仕事が嫌いであり，できれば仕事はしたくない。経済人モデルに立つ。

Y理論：仕事で心身を使うのは人間の本性であって，遊びや休憩と同じである。自己実現人モデルに立つ。

　Y理論は，自己管理できる人間像を示している。こうしたタイプの人間を管理するには，従来型の命令を中心とした管理は適当ではない。助言や励ましが中心となるべきである。目標管理制度や職務充実の導入が効果的である。労働者にある程度の管理的職務を委譲することも必要となる。

(3) ERGモデル

　マズローの欲求階層説を修正したのが，アルダルファ (Alderfer, 1969) によるERGモデルである。このモデルでは，欲求は3つの次元に分けられる。人間にとって基本的な存在 (existence)，人間関係に関わる関係 (relatedness)，人間らしく生きたい成長 (growth) の欲求である。このモデルの特徴は，3種類の欲求が同時に存在したり平行したりすることもあり得るとした点にある。高次の欲求が充足されなければ，それが後退して低次の欲求が強くなることもある。

(4) 二要因説　衛生要因と動機づけ要因

　ハーズバーグ (Herzberg, 1966) は，組織が与えることのできるインセンティ

ブには2種類のものがあることを主張した。仕事についての満足感に関する調査を通じて，満足の反対が不満ではないし，不満の反対が満足を意味するわけではないとハーズバーグは見抜いた。インセンティブの第1のものは，人々はとくに満足を高めないが，それが与えられなければ不満を感じるというインセンティブである。会社の方針と管理様式，監督者や同僚との関係，給与や物的な作業条件などがそれである。このようなインセンティブは衛生要因と呼ばれる。衛生要因をいくら改善しても，人々の満足は向上しない。仕事そのものではなく，その外にあるので外発的なインセンティブである。

第2のものは，積極的に満足を与えるが，それが与えられないからといって不満を感じさせることはない要因である。職務の内容，職務の達成，達成の評価などがこれにあたる。これらは動機づけ要因と呼ばれる。働くという行為そのものが動機づけとなり，内発的なインセンティブといえる。人々の満足を高めるには，動機づけ要因を与えなければならない。

賃金を多くし，付加給付などの衛生要因をいくら改善してもモチベーション問題の根本的な解決には至らない。みずからすすんで仕事を設計し，仕事の問題を解決していくことに喜びを見いだせなければ満足は高まらない。

(5) 達成動機説

マクレランド (McClelland, 1961) によると人の欲求には，達成欲求と親和欲求，そして権力欲求がある。組織における個人を考える際に適切な分類であり，相互に関連性を有している。仕事を達成したいという欲求は，マズローの自己実現欲求，ハーズバーグの動機づけ要因に該当するものである。親和欲求は一緒に働く仲間と仲良くしようというもので，達成欲求を満たすためにも必要である。さらに，仕事の達成には権力が必要となることがある。

達成欲求の強い人は，次のような特徴を示すとされる。成功するか失敗するかの確率が50％くらいのとき，最もエネルギーを注ぐ。達成の水準が運に大きく左右されるのではなく，自分の努力によって自己責任で決まるような課題を

好む。そして,うまくいったかどうかのフィードバックを求める。ただし,達成動機が強すぎると,困難な課題を解決しようとする自己実現欲求に基づく行動は後退する。達成動機の強い人は,達成に至るプロセスそのものを楽しみ,満足を得ていると考えられる。

図表6－2　動機づけ理論（欲求説）の整理

マズロー　5段階欲求説	生理	安全	愛情	尊厳	自己実現
アルダルファERGモデル	存在		関係		成長
ハーズバーグ二要因説	衛生要因			動機づけ要因	
マクレランド達成動機説			親和	権力	達成

出所：筆者作成。

(6) 内発的動機づけ

動機づけ理論における欲求説では,自己実現欲求を満たそうという内発的動機づけが,とくに注目されている。内発的動機づけとは,給与や人間関係といった外発的動機づけに対するものであり,自分自身の内側から沸き上がるものに動機づけられることを意味する。仕事の面白さや働きがいを見いだして,それに動機づけられる。試験のために勉強するのは外発的動機づけによるものだが,知的関心や興味から勉強するのは内発的動機づけである。

デシ（Deci, 1972, 1975）によると,内発的動機づけを導く要因は,みずからの有能感と自己決定の欲求である。人間はみずからが有能でありたい,みずからの行動はみずからによって決定したいという欲求がある。みずからが有能であることを人間は確認したがっていて,それを試すために,課題に挑戦する意

欲を持つに至る。自己決定の欲求とは，達成すべき課題について他人にいわれるのではなく，みずから考え計画をたて実行したいという欲求を意味する。

　他人から賞賛されることは，自分の有能さを確認できるという意味で，内発的動機づけにつながる面がある一方で，賞賛されるためにやったのではないという感情を持つことから，内発的動機づけの阻害要因にもなる。経済的報酬も同じで仕事の達成を確認する点では内発的動機づけの促進要因になるものの，経済的報酬を得るために行っているとなると，そのためにやらされているとの意識が強まり阻害要因となることがある。経済的報酬が内発的動機づけを弱めてしまうことは，アンダーマイニング効果と呼ばれている。一方で，経済的報酬も有能であることの評価の証として認識されれば，内発的動機づけをそれほど弱めることはない。

競争圧力というインセンティブ

　従業員間の競争は，強力なインセンティブの道具となりうる。ユニークな営業で知られるドン・キホーテは，店員間を徹底的に競争させる。店員を売上高でランキング化し，給料や昇進の判断材料としている。ランキングが低ければ給料も下がるので，こうした店員のなかには生活が苦しくなる人も出てくるだろう。そうならないようにするために努力せざるを得ない。だがそれよりも次の点が大切である。人間は負けず嫌いの一面を持っている。また，競争は他人に負けたくない，他人に優越したい，他人から賞賛されたいという尊厳欲求を刺激する。加えて，競争に勝つために，さまざまな努力や工夫が促される。こうなると自己実現欲求をも刺激されることになる。

（「ドン・キホーテ楽しく競わせ快進撃」『日経ビジネス』2002年10月14日号）

> ### 権限委譲というインセンティブ
>
> ある家電量販店では権限委譲をインセンティブとして活用している。接客だけに専念する販売員は，尋ねられたら何でも答えられるように担当売り場以外の商品知識も身につける。客が少ない時間帯も，売り場の欠点をこまめにチェックし，気がついたことをメモに取る。売り場担当者同士で勉強会を開く。
>
> 販売員の自主性を引き出す秘訣は現場への徹底的な権限委譲である。販売員には，役職に応じた値引き幅制限といったものはない。売り上げ目標などのノルマを課さず，「褒める」ことで人材を育成する。ノルマを課さないのは，「数字を前面に出せば必ずどこかで無理をする。無理は決して長続きをしないし，ひいてはそれがクレームや客離れといった形で跳ね返ってくる」からだとされる。
>
> (「ギガスケーズデンキ（家電量販店）値引きの権限パートにも」『日経ビジネス』2005年5月3日号)

2.2　過程説の理論

　動機づけ理論として近年では欲求説よりも過程説が説明に用いられることが多い。実証的な研究も概して，この枠組みを支持している。人間はたえず，その価値や選好さえも変えるようなダイナミックな存在であることが過程説の背景にはある。複雑人モデルで人間を捉える際に過程説は適合的であるといえるだろう。

(1)期待理論

　ヴルーム（Vroom, 1964）によって展開された期待理論によると，期待と誘意性の積の大小によって動機づけの強さを測れるとした。

仕事へのモチベーションは仕事への努力の投入を通じて、何らかの価値が得られると期待されるときに、人々は仕事に心理的なエネルギーを投入すると期待理論は説明する。人間の行動はその行動が報酬につながる期待と報酬の魅力度によって規定される。ここでは限定合理性を有する人間を仮定している。つまり損得の計算ができるということである。

人間行動だけではなく、職業選択など広範囲にそのモデルが応用されている理論でもある。努力すれば成果が得られそうだという期待と、その成果が価値をもたらすと信じる誘意性を掛け合わせたものがモチベーションの強さの関数であるとされる。仕事へのモチベーションは努力の投入を通じて、何らかの価値あるものが得られると期待されるときに高まる。

成果が得られそうで、それが必要なものであるほど、それを得ようとする行動が喚起される。成果を得られる確率が高くても、自分にとって価値のないものに対しては努力が投入されることはない。反対に、大きな価値を認めるものであっても、達成できる可能性が低ければ、努力することはない。人間は限定合理性に基づいて主観的に判断し行動することが前提とされている。そういう意味で、人間は「骨折り損のくたびれ儲け」を回避しようとするといえるだろう。

図表6－3　期待理論

$(E \to P)$：努力が成果をもたらす確率
$(P \to O)$：成果が報酬をもたらす確率
V：報酬のもたらす価値

モチベーション $= (E \to P) \times \Sigma (P \to O) \times V$

出所：筆者作成。

(2) 公平理論

報酬について、他人との比較過程において個人の感じる公平感や不公平感に注目して、個人の動機づけを説明する理論で、アダムズ（1965）が唱えた。個人は何らかのインプットを提供し、組織から何らかのアウトプットを提供され

る。インプットとは，個人が組織への貢献に関係していると考える諸要素であり，具体的には年齢，勤続年数，教育水準，職務達成度などがこれにあたる。アウトプットとは，給与，地位，特権などである。

　Ip と Ia をそれぞれ，自分のインプット，他人のインプットとし，Op と Oa をそれぞれ，自分のアウトプット，他人のアウトプットとする。

　$Op / Ip = Oa / Ia$ が公平の条件となる。

　$Op / Ip < Oa / Ia$ のときには，他人との比較において個人は過小報酬感を抱き，不満足を感じる。$Op / Ia > Op / Ia$ のときには個人は過大報酬感を抱き，罪悪感を抱く。これらは主観に基づく判断である。

　人間は他者と比較することで満足や不満足や罪悪感を持ち，これらを感じた場合にはそれを是正しようとする。過小報酬感を抱いている人は，仕事での努力をこれまでよりも引き下げようとするし，過大報酬感を持つ人は，そのことについて正当な理由を探すことになる。

　人間が公平や不公平を感じるのは結果だけではなく，その結果に至るプロセスに依存するところが大きい。プロセスつまり手続きの公正さが求められている。人間は自分にとって好ましくない結果であっても，その手続きが公正であると感じれば納得するのである。レベンサル（Leventhal, 1980）によると，人間は次の6つの視点に従って，手続きが公正かどうかを判断するという。すなわち一貫性，偏向の抑制，情報の正確性，修正可能性，代表性，そして倫理性である。

(3) 強化理論

　従来の学習心理学を応用したもので，人は報酬を受けることで，さらにその行動を起こす。個人の行動はそれと結びついた報酬によって，その行動を熱心に繰り返して行うようになる。反対に何らかの行動をして罰を受けることがあれば，そうした行動は控えるようになる。強化理論は学習理論とも呼ばれている。強化理論では本人の心理状態は重要ではなく，報酬と行動の関係のみが取り上げられる。その点では動機づけ理論とはいえない面がある。

3. 企業制度とモチベーション

　企業の成長と発展にとって，従業員のやる気を引き出すことは最重要の課題である。企業はさまざまな制度を通じて，従業員のモチベーションを行っている。そもそも協力関係をつくり出すことが組織の役割であるとすれば，モチベーションの仕組みを制度化することはなんら不思議ではない。ここで紹介するものは，そうした制度の一部にすぎない。

(1) 終身雇用・年功序列
　日本企業の慣行とされてきた終身雇用・年功序列制度は，いかなるインセンティブを与えてきただろうか。年功序列制度では，勤続年数に応じて報酬が増える仕組みとなっている。図表6－4のように，若いときは働いた分だけの報酬をもらえない一方で，ベテランになると働いた分以上の報酬がもらえることになる。
　報酬よりも貢献のほうが大きい若いときに勤務先を辞めてしまうことは，従業員にしてみたら損することになる。つまり長期に勤務した方が得なので，従業員は長期勤務への意欲を高め，1つの会社にずっと勤めることを考えるよう

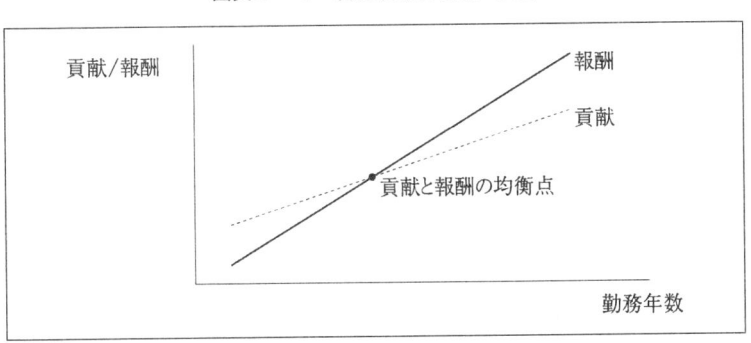

図表6－4　終身雇用と報酬の関係

出所：筆者作成。

になる。長く勤務させることで，企業の特殊知識の蓄積や企業への忠誠心の涵養が進む。

　成果主義の人事制度では，達成された成果に対して報酬が支払われるので，貢献と報酬の乖離は少ない。そこで長期に勤めようとする意欲は減退し，転職が多くなると予想される。

タクシー・ドライバーへの報酬　売り上げか利益か

　タクシー会社はタクシードライバーに対して，歩合給で給与を支払う。一部分が固定給の場合もあるが完全固定給ということは稀である。完全な固定給では，ドライバーが客を乗せて売り上げを増やそうという気にならない。自分の売り上げが少なくても，給料が変わらないからである。どのような歩合給かといえば，完全歩合給の場合で1カ月間の乗務回数に対しての総売り上げに対して50％から60％程度の金額が支払われる。しかも，この割合は，売り上げが増えるほど率が高くなることが多い。

　あるタクシー会社はユニークな給与の支払い方をしている。歩合給なのだが，売り上げではなく利益に対しての歩合で給与が支払われる。一方で経費はドライバー持ちになる。つまり燃料代や車の保守管理の費用はドライバー持ちである。利益に対して90％程度がドライバーの取り分になるという。

　こうした給与支払いの狙いは，タクシー・ドライバーに費用削減を意識させて丁寧な運転をさせることだという。タクシーは会社の所有であるから，丁寧な運転によって車が長持ちすれば会社の負担を減らすことができる。

(2) ストックオプション

　ストックオプションとは一定の期間内にあらかじめ決められた価格で株式を購入する権利である。株価が高くなれば，オプションを行使し設定された安い金額で株式を買い，そして売ることによって利益を上げることができる。会社が成長し利益が大きくなると，通常は株価が上昇していく。ストックオプションを有する従業員は，株価の上昇を望むが，そのためには会社の成長発展に努力したいと思うようになる。つまりストックオプションは経済的インセンティブとして働く。

　ただし，ストックオプションは業績連動報酬として妥当かという問題がある。株価には，金利などの企業努力以外のマクロ・ノイズも含まれる。また株価は会社の部門の個別業績ではなく，会社全体の業績に対応しているので，株価は部門別の業績尺度としては必ずしも妥当ではない。

ストックオプションと新株予約権

　新株予約権とは，平成13年商法改正で新たに導入された概念であり，それを有する者が会社に対してそれを行使したときに，会社は新株予約権者に対して，新株を発行し，または，これに代えて会社の有する自己株式を移転する義務を負うものをいう。取締役や従業員にインセンティブ報酬として付与されてきたストックオプションは，平成13年11月改正以降は，新株予約権の無償発行として有利発行手続きによることとなった。つまり株主総会の特別決議*が必要となる。会計処理上，ストックオプションの発行時に費用計上すべきであるとの議論が有力である。

＊特別決議：一定の重要な決議は，総株主の議決権の過半数を有する株主が出席し（定足数），出席株主の議決権の3分の2以上の多数で決定する。この定足数は，定款で総株主の議決権の3分の1まで軽減することができる（会社法309条2項）。

(3) QCサークル

　QCサークルは工場の現場においてチームが形成され，チーム担当の業務について改善を図っていくものである。公式の制度ではなく，あくまでも自主的に作られ活動する。しかし，大半の企業はQCサークルによる改善効果に大きな期待を寄せているので，QCサークル活動を奨励し支援している。

　公式のものではないので勤務時間外に行われ，金銭的手当は用意されないことが多い。それでは従業員はどのように動機づけられ，QCサークル活動に参加するのだろうか。それは自己実現欲求や尊厳欲求に働きかけるインセンティブになっているからである。自分たちの工夫によって作業の改善が進めば，そうした工夫の活動自体が楽しいものになる。作業改善の成功は他のチームから尊敬・賞賛され，また，そのことは自分たちにとっても自信となるだろう。

従業員の創意工夫を高め，やる気を引きだす。

　機械メーカーA社では毎月の収益実績や原価の詳細などを，パートを含む全従業員に公開し，毎月の業績に応じて賞与を分配している。同社では，営業利益の28％相当を賞与として従業員に配分している。実際の支給は年2回だが，毎月の成果は翌月初めに公開する。すべての従業員が，その時点での賞与の「時価」を知ることができる。

　開示の効用は大きいという。成績のよくないときほど，組み付ける部品の置き方を変えて効率を高めるといった改善提案が多く寄せられる。作業者が努力したり工夫した結果を直ちに伝えることで，作業者の達成感，有能感，そして自己決定感を高めることができる。

---

(4) 職務の設計と管理

　モチベーションを向上させるためには，職務の内容そのものを見直す必要が

ある。20世紀の産業近代化において分業と専門化を中心とした職務設計が採用されてきた。科学的管理法を唱えたテイラーは作業の効率化のために，時間研究や動作研究のような科学的な作業分析によって標準化された作業方法が必要だと主張した。熟練労働者が体得していた作業ノウハウが科学的に客観的に分析された。科学的分析によって各労働者の作業はそれまでよりも細分化，単純化され，熟練者でなくても実行可能になった。誰の目にも作業内容がわかりやすくなったので，作業をどのように進めるかという計画活動は労働者自身でなくてもできるようになった。作業効率追求の名の下に科学的管理法の下では，労働者が自己の作業について考える余地はほぼ奪われてしまった。

　管理活動を計画部でもっぱら行うという「計画と執行の分離」は，テイラーの科学的管理法の下で大きく発展していく。つまり作業計画に関係する意思決定は経営者や管理者がするもの，作業遂行は労働者の役割という垂直的分業が実現されていくのである。ヘンリー・フォードは工場での生産活動の効率化を進めたが，流れ作業の導入は科学的管理法に基づく職務設計を徹底させた結果といえるだろう。

　大量生産の技術は，賃金の上昇などで労働者の生活を豊かにさせたが，働く意欲を減退させる面も指摘されるようになった。こうした指摘を受けて下記のような職務の設計と管理が実施されるようになった。

①「職務拡大」と「職務充実」

　職務拡大は水平的職務拡大ともいわれるもので，担当する仕事の領域を広げることである。細分化された分業で形成された仕事をしていると，その仕事が全体にどのように結びついているかがわかりにくくなり疎外感が生じてやる気を失う。担当する職務を広げて意味のあるひとまとまりの仕事にすることで，このような弊害を回避する。アージリスの未成熟・成熟理論の影響を受けたものといえる。人間は発展する有機体であり，未成熟状態のときは受動的，依存的であるが，成熟状態になると能動的になるとされる。分業のような定型化をもたらす組織原則は人間の消極的行動を促進するので，成熟状態の人間にとっては不満足な状況を生みだす。

職務充実は、垂直的職務拡大ともいわれ、上司による管理活動の一部を引き受けることである。上司の意思決定決定事項を部下みずからが引き受けるわけで権限委譲といってよい。テイラーが主張した「計画と執行の分離の原則」では、管理する側と管理される側が峻別されるが、尊厳欲求や自己実現欲求、あるいは成長欲求や達成欲求を充足させるためには管理機能を実行側に持たせることが必要になる。ハーズバーグの二要因説に最も影響を受けているといわれる。

　②「目標による管理（MBO：management by objectives）」
　ドラッカー（Drucker, 1961）が紹介したとされる管理の方式で、目標と自己統制によるマネジメント（Management by Objectives through Self Control）と表記された。彼によると、企業が存続し、発展するためには、事業の生存と繁栄に直接かつ重大な影響を与えるすべての領域ごとに目的を設定し、それらを達成しなければならない。もともと、企業は目的の共同体であるから、トップから現場の職位まで、目的を分担し、その実現に協力しなければならない。この目的実現のためには、いつまでにどの程度達成するか、企業目的の達成という方針のもとで各人の目標を立てる必要がある。

　こうした目標の設定は、企業目的とその達成のための方針の範囲で、各人が参加し、自律的に行うところに特色がある。目標が上司から一方的に与えられるのではなく、目標設定の過程において部下の意見や考えを盛り込むことができる。能力主義の徹底と目標にみずからチャレンジする過程で個人の持てる能力とその可能性を最大限に引きだす。目標管理制度の利点として、不定型な業務内容を含むさまざまな職種に対しても、目標達成度という評価基準を設定できることが挙げられる。

　目標の決定、部下の参加、期間の設定、そして結果にはフィードバックが必要である。上司と部下の話し合いにより目標を共有化する。結果の測定や評価を適切に行うために目標は抽象的なものを排し具体化したほうが望ましい。合意と納得により設定した目標に自律的に取り組み、成果達成をめざす。目標遂行過程においては、適切な組織的サポートのもと、遂行状況に対するフィード

バックと動機づけを行う。遂行状況を必要に応じて確認・評価するのである。本人に結果や評価を素早くフィードバックすることで，主体的な修正を行わせる。

　上司は会社の事業目標・本年度の重要課題を明確に伝え，部門の目標と個人目標との連携を取らせる必要がある。得られた成果や結果に対して公平で客観的評価とそれに対応する処遇を与えられ，さらなる目標達成をめざす。上司はみずから命令を下すわけではなく，助言を行うことに徹し，部下本人の自発性に任せる。目標管理制度が適切に運用されれば，従業員は自分の受けた評価をより公平であると知覚することになる。ただし上司の負担が大きくなる可能性がある。

　③「QWL」労働生活の質

　労働に関わるすべての要因を人間化することを目的としている。経営側が従業員の要望に応えていこうするもので，労働生活の質的充実，精神的ゆたかさを求める運動である。作業組織の再編成からはじまり，産業民主化運動として発展した。新しい作業規則や作業方式を導入するのは，労働者側である。自律性の獲得が従業員満足へとつながる。

　④「WLB」ワーク・ライフ・バランス

　労働者が十分な能力を発揮するには仕事と私生活のバランスが重要だとする考え方で，WLBの実現が優秀な人材の確保と維持につながるものとされている。

4. 組織文化

　集団が何か目的を達成するために，あるいは効率的に実行するためには，メンバーが強制ではなく自発的に協力することが必要だろう。互いに協力しようという意図をメンバー同士が持っているほど，仕事の成果は高まると考えられる。

　組織文化とは組織の構成員が持つ共通の価値観である。組織文化には強弱がみられる。メンバーによる価値観の共通性の程度が高いほど，そしてメンバー

たちがそれを内面化しているほど,強い文化の組織だといえる。高い団結力や忠誠心を示す宗教団体などは,強い文化を有する典型である。人は何らかの行動をとる際には,それに先だって意思決定を行っている。価値観は,この意思決定に大きな影響を与える。

　高い業績を上げる企業には強い文化が存在することが多い。たとえば創業者の稲盛和夫に率いられ成長してきた京セラは,「全従業員の物心両面の幸福を追求すると同時に,人類,社会の進歩発展に貢献すること」という京セラ・フィロソフィーを徹底させてきた。矮小になりがちな個人目的を戒め,「世のため,人のために尽くす」ことを従業員に心から追求させることが同社の成長に大いに役立ったと思われる。人は金銭よりも大義のために働くとき,大きなエネルギーを発揮するのである。

4.1　組織文化の理解

　組織文化とはそのメンバーが共有する価値観であり,他の組織との違いをつくりだす原因となっている。オライリーとフェファー (O'Reliiy and Pfeffer, 2000) によると次の7つの面から組織文化をみることで,その組織文化の全体像が得られるという。

① 革新およびリスク性向
② 細部に対する注意
③ 結果志向
④ 従業員重視
⑤ チーム重視
⑥ 積極的な態度
⑦ 安定性

1980年代に,日本的経営の良さが世界的に評価され,そのときに,日本企業が独自の文化を有していることが指摘された。上記の7つでいえば,細部に対する注意,従業員重視,チーム重視の面で高得点となる文化を保持していた。ところが,こうした文化はピーターズとウォーターマン (Peters and Waterman,

1980）によって，アメリカの好業績企業においても同様に見出されたのであった。

　人間の意思決定は，その人の有する価値観によって左右される。企業にとって望ましい価値観を従業員たちに保有させることに成功すれば，そうした価値観が従業員の意思決定のガイドラインとして機能し，行動指針として働く。組織文化が定着している企業では若手の従業員の間でも仕事に行き詰まった際に，会社の社訓や経営理念を読み返すことが少なくないという。上司の指示や監督，あるいは規則などがなくても望ましい価値観が共有されてさえいれば，従業員の意思決定や行動は望ましいものになる。規則の策定や上司の監督にともなう手間は大幅に減少する。管理者の数を減らすことが可能になりコストを削減可能となる。管理者の数を減らせばフラットな組織となりコミュニケーションが改善されて，意思決定の質も高まると期待される。

　東京ディズニーリゾートで働くアルバイトは，研修のなかで「ハピネスの提供」を仕事の基本に据えるよう徹底される。「ハピネスの提供」に沿ったものであれば，自由裁量に基づく行動が認められている。アルバイトというと一般には，マニュアルに従うことが求められる存在であるが，ディズニーでは自分の考えで行動できる部分があり，やりがいや自己実現に結びついている。価値観が共有されている場合，行動の基本は規範によって規制されるものの自由裁量の余地は残されている。その残された部分で自己実現欲求を満たす活動が可能になる。

　一方で組織文化は，必ずしも企業の目的に沿ったものになるとは限らない。文化は組織への貢献意欲を高め，従業員の行動の一貫性を強めることが期待されるが，そのためには組織によって実際に共有される価値観と組織にとって都合の良い価値観が一致している必要がある。組織を取り巻く環境が変化しているとき，両者の価値観の不一致が生じることが多い。また組織文化は一度定着すると変更が難しい。

4.2 組織文化の生成，定着，変更

組織文化を生成し，定着させ，変更するために，以下の5つの方策を企業は用いていることが多い。

① 創業者のエピソード

組織に大きく貢献した人の発言や行動は，組織文化を作り出す源泉となる。松下幸之助は「水道哲学」を唱え，家電製品を広く普及させることの素晴らしさを説き，それが松下電器の文化となった。IBMの創業者ワトソンは，顧客の問題解決に奉仕することを重視した。IBMでは現在でも「問題解決への奉仕」を基本的価値としている。新しい組織は通常規模が小さく，組織のメンバー全員への浸透が進みやすい。京セラの創業者である稲盛和夫は，会社が小さかったとき従業員と酒を飲み交わし，会社のビジョンや理念を説いたという。

創業者が組織を退いた後も，創業者の行動を物語として読むことで掲げられたビジョンや理念を具体的に知ることができる。組織メンバー全員に，創業者がどのように考え行動したのかを伝承することで，組織文化を維持することができる。本田技研の創業者である本田宗一郎は，「人まねするな」を常に主張し，技術開発で妥協することはなかったという。その頑なさは，結果として誤りを招いたこともあるが，「人まねするな」の精神は，本田技研の革新性ある文化として生き続けている。

② 儀式や行事

組織の基本的価値観をわかりやすく具体的に表現するもので，参加者への価値観の定着を促す。販売増，新製品開発，あるいは品質改善などで貢献した従業員に対する表彰は，多くの企業で行われている。組織にとって好ましい行動をとり成果を上げた者を賞賛することで，組織の求める価値観とは何かを示すのである。

③ シンボル

企業のロゴマークだけではなく，企業の有する価値観を示す目に見えるものがすべて組織のシンボルである。従業員の服装や髪型，建物の外観，オフィスのレイアウト，役員の部屋の様子などがシンボルの例となる。役員の部屋が一

人ひとり別々ではなく大部屋で数人が一緒になっている企業は，横のコミュニケーションが盛んな自由闊達な組織文化がイメージされる。

④ 採　用

組織文化が確立している組織であれば，相容れない異なった価値観を持つ人が新たにメンバーになっても，その人の価値観を変えることは難しい。最初から受け入れてくれる人を採用するべきである。たとえばマイクロソフト社の採用試験はユニークなものである。入社後，一緒に働くことになる複数の従業員で面接が行われ，仲間になれるかどうか，つまりは文化に適合するかどうかが試される。面接試験の内容も同社の創造性第一主義を反映していて，「アメリカ全土にガソリンスタンドはいくつあるか」などというものである。質問する側も正解など持っていない。答えを考え出すプロセスにおける創造性をみるのである。

⑤ 社会化：教育

採用された従業点に組織が望ましいとする価値観を保有させていくために教育が行われる。通常OJTや研修の形で行われるが，「するべきこと」「やってはいけないこと」が具体的に体得される場となる。スキルや作業方法などが修得されると同時に，組織の文化も理解されていく。前述のディズニーの例では，アルバイトとして採用された人たちに研修が行われ，ハピネスの提供を体得させている。

社会化とは，組織の文化に適応させるプロセスであり，加入前，遭遇，そして変身の3段階で構成される。たとえば警察官として採用された者は警察学校に入れられ，合宿制で研修教育を受けて警察官としての心構えや職務遂行に必要な実務技能を学ぶ。その過程で，求められる価値観を理解していく。なかには価値観を受け入れることができず，警察官としてのキャリアを断念する者もいるかもしれない。新人警察官たちが必要な価値観を身につけた状態となるとき，彼らは警察の組織の文化に適応した，つまり社会化されたと考えられる。

4.3 サブ組織文化の問題

　1つの組織であっても，部門ごとに異なった文化が生じることがある。組織全体を覆う優位な文化がある一方で，部分的なサブ文化が存在している。いつも顔を合わせるメンバー同士は凝集性を高めやすく，独自の組織文化を育みやすい。業務内容の違いから，それぞれが有する価値観も異なることがあるからである。たとえば，工場部門では高品質，低コスト，そして安全を志向する一方で，顧客との接点が希薄であることから，市場の動向や顧客のニーズへの無頓着な文化の形成がみられる。営業サイドから製品の多様化を求められてもコスト増につながるとして抵抗する場合も生じる。一方，営業サイドでは，市場や顧客を第一に考えることが文化になり，生産サイドにコストを度外視した要請を行うことになる。こうしたサブ文化は，部門間の対立を引き起こす原因となりやすい。対策として人事異動や部門間交流の活発化が挙げられる。

　組織のさまざまな部分で独自の文化が生じていて，組織全体を覆う強い文化がない場合には，組織文化の効果は弱まることになるだろう。

【参考文献】

Adams, J.S., Inequity in social exchange, *Advances in Experimental Social Psychology*, 2, 1965, pp. 276-299.

Alderfer, C. P., An empirical test of a new theory of human needs, *Organizational Behavior and Human Performance*, 4, 1969, pp.142-175.

Alderfer, C. P., *Existence, Relatedness, and Growth*, New York: Free Press, 1972.

Argyris, C., *Personality and Organization: the conflict between system and individual*, New York, Harper & Row, 1957.(伊吹山太郎, 中村　実訳『新訳組織とパーソナリティ：システムと個人の葛藤』日本能率協会，1970)

Argyris, J.S., *Interpersonal Competemce and Organizational Effectiness*, Richard D. Irwin, 1962.(高橋達男訳『対人能力と組織の効率』産業能率短期大学出版部，1977)

Barnard, C.I., *The Functions of the Executive*. Cambridge, MA, Harvard University Press, 1938. (山本安次郎, 田杉　競, 飯野春樹訳『新訳経営者の役割』ダイヤモンド社，1968)

Deci, E.L., The effects of contingent and noncontingent rewards and controls on intrinsic motivation, *Organizational Behavior and Human Performance*, 8, 1972, pp. 217-229.

Deci, E.L., *Intrinsic Motivation*, New York, Plenum, 1975.(安藤延男, 石田梅男訳『内発的動機づけ』誠信書房，1980)

Drucker, P. F., *The Practice of Management*, London: Mercury Books, 1961.

Hall, D. T. and K. E. Nougaim, An examination of Maslow's need hierarchy in an organizational setting, *Organizational Behavior and Human Performance*, 3, 1973. pp. 12-35.

Herzberg, F., *Work and the Nature of Man*, Cleveland: World, 1966.(北野利信訳『仕事と人間性』東洋経済新報社, 1968)

古畑　仁, 高橋　潔「目標管理による人事評価の理論と実際」『経営行動科学』第13巻第3号, 2000, pp. 195-205。

車戸　實編『新版 経営管理の思想家たち』早稲田大学出版部, 1987。

Leventhal, G.S., What should be done with equality theory?: hew approaches to the studies of fairness in social relationships. In Gergen, K. J., Greenberg, M.S., and .Willis, R.H (eds.), *Social Exchange: Advances in Theory and Research*, Plenum Press, 1980, pp.27-55.

Maslow, A. H. *Motivation and Personality*, 2 nd ed., New York: Harper & Row, 1954.(小口忠彦訳『人間性の心理学』産業能率大学出版部, 1971)

Maslow, A. H. Maslow on Management, John Wiley & Sons, 1962.(金井壽宏監訳『完全なる経営』日本経済新聞社, 2001)

McClelland, D.C., *The Achieving Society*, 1961, New York: Nostrand, 1961.

McGrager, D., *The Human Side of Enterprise*, New York, McGraw-Hill, 1960. (高橋達男訳『企業の人間的側面: 統合と自己統制による経営』産業能率短期大学出版部, 1970)

O'Reilly, C.A., and J. Pfeffer, *Hidden Value: how great companies achieve extraordinary results with ordinary people*, Harvard Business School Press, 2000.(廣田里子, 有賀裕子訳『隠れた人材価値: 高業績を続ける組織の秘密』翔泳社, 2002)

Peters, T. J. and R. H. Waterman, *In search of excellence : lessons from America's best-run companies*, New York, Haper Collins Publishers, 1982.

Taylor, F. W., *A Piece Rate Sysytem. 1895, Shop Management,1903, Principles of Scientific Management*, 1971. (上野陽一訳編『科学的管理法』産業能率短期大学出版部, 1969)

Vroom, V. H., *Work and Motivation*, New York: Wiley, 1964. (坂下昭宣・榊原清則・小松陽一・城戸康彰訳『仕事とモティベーション』千倉書房, 1982)

Waters, L. K. and D. Roach, A factor analysis of need-fulfillment items designed to measure Maslow need categories, *Personal Psychology*, 26, 1973. pp. 185-190.

第7章
リーダーシップ

1. リーダーシップの理論

　リーダーシップとは，組織の目標の達成に向けて，集団に影響を与えることである。集団において他の人々の努力をうまく引き出して，集団の目的を達成させようとすることである。最初に登場したアプローチは，リーダーが他の人とどのような点で異なる特性を有しているかを探るもので，身体や性格あるいは能力の面での特徴を明らかにしようとした。

　その後のリーダーシップ論は，リーダーとはどのような行動をとるのかをみることで，リーダーとしての行動を捉えようとした。その後，リーダーの相手方つまりフォロワーの側の事情や環境を考慮する必要性が指摘され，望ましいリーダーシップは，それが発揮される状況に依存するというコンティンジェンシー（条件適合）理論が生まれた。

図表7－1　リーダーシップ理論の展開

```
特性論（1940年代）　→　カリスマ的リーダーシップ論（1980年代）
    ↓
行動理論（1950年代～60年代）
    ↓
コンティンジェンシー理論（1970年代）
```

出所：筆者作成。

1.1 特性（資質）理論

　知性，カリスマ性，決断力，熱意，強さ，勇気などが，リーダーに備わっている資質として列挙される。リーダーと非リーダーとを分ける特徴探しに終始したリーダーシップ論が特性理論である。特性理論でリーダーに適している人物を見分けることができれば，その人をリーダーに選ぶことができる。

　しかし特性理論には，次のような限界が指摘される。リーダーになるのに必要な特徴を明確に特定することは難しい。あらゆる組織において普遍的に有効なリーダーシップの特性があるとは考えにくい。また，必要とされる特徴を備えている人は世の中にそれほど多数いるわけではない。この理論を前提にすると，必要な特性を有しない人は，そもそもリーダーになれないので，その結果リーダー不足の事態が生じてしまう。こうした特性理論の限界から，特性理論はリーダーシップ論として不十分であるとみなされるようになった。

　しかしその後，80年代になると特性理論の再評価が行われた。大変革を実現できるリーダーは，凡人にはない強力な個性を有し，人並み外れたエネルギーを発揮する人物であることが求められる。カリスマ的リーダーシップ論は，このような人物を考察する。

　カリスマとは超人間的，非日常的という意味で使われる言葉である。組織を大きく変革できるのはスーパーマンのような人物でないと不可能だという立場である。現実と期待のギャップが大きいほどカリスマ的リーダーは現れやすい。カリスマ的リーダーとはビジョンを打ち立て実行する改革者であり，そのために自己犠牲をいとわず，すすんでリスクをとる。また，自分の判断と能力に強い自信を有している。ハウスとバエツ (House and Baetz, 1979) は，深く尋常ではない影響を及ぼせる個人的な資質をカリスマ的リーダーは有するとしている。積極的に組織のメンバーの価値観を変えていこうとするので，組織文化の変革者でもある。危機に陥っている，あるいは変革を求められている企業のトップに必要なリーダーシップ・スタイルだと考えられる。

　ハウエルとフロスト (Howell and Frost, 1989) によると，カリスマ的リーダーのもとにいる部下は，有能だがカリスマとはいえないリーダーの部下に比べて，

自己確信が強く，仕事にやりがいを感じている。また仕事の生産性も高いとされる。カリスマ的リーダーはみずからの行動や姿勢に強い自信を持ちリスクに果敢に挑戦していく。フォロワーにビジョンに基づいた達成目標を示し，それに至る道筋を提示する。フォロワーの側はカリスマリーダーの命令に疑うことなく従う傾向を見せる。カリスマ的リーダーになるための資質は，身につけようとしてもできるものではなく生来の個人的な資質である。例としては，日産自動車を再建したカルロス・ゴーンが挙げられるだろう。

　従来，日本の大企業では内部で昇進を重ねてきた生え抜きの人が企業のトップになる例が多かった。このやり方では，業務に詳しく現場感覚の豊富な人がトップになるというメリットはあるが，カリスマ的リーダーシップを持つトップを求める場合には不都合である。社内に，こうしたリーダーシップを有する人がいるとは限らないからである。この点，アメリカ型の株式会社のガバナンス方法であり，日本でも採用できるようになった指名委員会等設置会社では，外部からトップを招く機会が増えると思われる。社外取締役が多数を占める指名委員会でトップが選任されるので，現在のトップが次期のトップを選ぶという禅譲が少なくなり，幅の広い候補者から選ばれる可能性が高まるからである。

　1990年代，大型コンピュータの不振によって業績を悪化させていた米国のIBMでは，指名委員会がCEOの候補者を世界中から集め徹底的に吟味した結果，ガースナー氏を選んだ。ガースナーはその後，カリスマ的リーダーシップによってIBMを再建した。

　カリスマ的リーダーシップは危機に際して集団や組織を変革するには理想的かもしれないが，平常時には役に立たなくなることも多い。また，カリスマ的経営者は自信過剰であり，時として有能な人材の進言を無視してしまいがちである。

1.2　行動理論：リーダーシップ類型論

　特定のリーダーが示す行動に目を向けるのが行動理論である。有能とされるリーダーの行動の仕方に注目した。リーダーとしての行動がわかれば，そうし

た行動ができるように人々を育成することが可能になる。

(1) リーダーシップ・スタイル

　レビンら (Lewin, et al. 1939) はリーダーシップのスタイルを専制型リーダー，民主型リーダー，放任型リーダーの3タイプに分けた。専制型では，リーダーがすべてを決める。民主型では部下たちとの相談を通じて決定が行われる。放任型では部下たちが自由に決定し，リーダーは決定に関与しない。リーダーがどのようなタイプかによって，部下たちの行動や生産性がどう変わるかを実験した。その結果，民主的リーダーが最も効果的であるとした。

　リッカート (Likert, 1961) はリーダーシップスタイルとその有効性について研究し，リーダーシップを原因変数，モラールを媒介変数，業績を結果変数として，これら3つの変数間の相互作用を明らかにした。いかなるリーダーシップをとるかによって，メンバーはどのように動機づけられ，それが成果に結びつくかを示した。この3つの変数の組み合わせから，リーダーシップはシステムⅠ～システムⅣの4つに類型化された。システムⅠにおいては脅迫や暴行によって労働を強制するという独善的専制型の管理が行われる。システムⅡにおいては労働を強制するとともに給付も行うという温情的専制型の管理が行われる。システムⅢでは，部下に決定を委ね部下は相談しながら解決を図る相談型の管理が行われる。システムⅣでは，部下との協議により，部下の納得の上で物事を進める集団参加型の管理が行われる。システムⅠ～システムⅣに移行するに従って生産性は向上するとされ，リッカートはシステムⅣの集団参加型リーダーシップを最も望ましいものとしている。コミュニケーションの方向性をみると，システムⅠとⅡは，上から下への流れ，システムⅢは横のコミュニケーション，システムⅣは上下および横のコミュニケーションとなる。

　システムⅣでは支持的関係，集団的意思決定，そして高い目標の設定がリーダーシップの基本スタイルとして挙げられる。支持的関係とはメンバーが価値観や性格の違いを認めあい支持しあうことを意味する。集団的意思決定とは，メンバー全員が決定に参加することであり，高い業績目標の設定はメンバーの

意欲を高めることにつながるので，強制を排した自主的な行動には必要なものとなる。

　このようなリーダーシップが行われると，部下たちのモラールは向上する。彼らは上司に好意的となり信頼を寄せるようになる。また上司や同僚とのコミュニケーションが改善し，集団への高い帰属意識が高まる。その結果，集団として業績の向上が実現し，欠勤率や離職率の低下，生産性の向上，そして利益の拡大が現れるとされた。

(2) ミシガン研究とオハイオ研究

　行動理論で著名なミシガン大学とオハイオ大学の研究は双方とも，行動を2次元に分けて分析を行っている。1940年代から50年代にかけてミシガン大学でリーダーの行動について研究が行われた。業績の高い部門の管理者とそうでない部門の管理者について比較研究を行った結果，従業員の福利を大切にし人間関係を重視する「従業員志向」と，集団として仕事の達成をめざす「生産志向型」の行動次元を見いだした。結論として「従業員志向」の管理行動をとるほうが好ましいとされた。

　ミシガン研究とほぼ同時期に，オハイオ州立大学で実施されたリーダーシップについての研究はオハイオ研究と呼ばれている。企業の管理者に対してインタビュー調査を行い，リーダーシップ行動を「構造づくり (initiating structure)」と「配慮 (consideration)」と大きく2つのカテゴリーに分けた。

　構造作りとは，リーダーが目標達成をめざすなかで，自分と部下の役割を明確化し構築する。メンバーのさまざまな関心や行動を，集団目標の達成のために1つの方向に向けて動員し，効果的に統合するような行動である。「特定の仕事を割り当てる」「仕事の成果を要求し期待する」「期限遵守を要求する」などが該当する。一方，配慮とはメンバーの感情面を大事に考える行動で，相互信頼，部下の意見の尊重，部下の感情への気配りなどを内容として，メンバー間に生じる緊張を和らげ，人間関係を友好的に保つように働きかける行動を意味している。部下の居心地のよさ，健康，地位，満足に関心を示し，部下の欲

求を満たすことで、やる気を引き出そうとする。

　構造作りと配慮の双方とも高い行動は、部下の業績も満足度も高まることが発見された。その理由としては以下のことがいえる。いくら部下のことを思いやって、彼らのやる気を発揮させたとしても、部下への指示の内容や仕事の役割分担が適切でなければ、部下の満足は高まるものの目標の達成は難しい。反対に、部下の気持ちを大事にせず部下からの協力が得られなければ、成果を上げることは難しい。また部下に適切な指示を行い、仮に成果は上がったとしても、部下への気配りを欠けば部下の不満足を引き起こし、おそらく将来の仕事の達成水準に悪影響を与えるだろう。

　構造づくりと配慮のともに高い管理スタイルは一般によい結果をもたらすが、常にそうとは限らず状況しだいで例外も多いという批判がある。

(3) PM理論

　日本の三隅（1978）によるPM理論も同様に二元論をとる。P機能は業績達成（performance）、M機能は人間関係の維持（maintenance）を意味する。P機能とは目標達成に向けて、部下にいっそうの努力を要求したり納期を設けるなどの圧力をかけたり、仕事の手順の設定やスケジューリングを行う行動を指す。M機能は部下間の対立や緊張を緩和することで、リーダーシップの受容を促進するものである。部下を信頼し、支持し、気配りする行動である。図表のようにPとMの組み合わせから4つのパターンが示される。このうち一般的に生産性が高いのはPM（共に強い）である。

　PM：　PもMも強い
　Pm：　Pは強いがMは弱い
　pM：　Pは弱いがMは強い
　pm：　PもMも弱い

マネジリアル・グリッド（Blake & Mouton, 1964）

「人への配慮」「生産への配慮」の2つのスタイルに基づくマネジリアル・グリッドを提案した。これらの2つの行動次元を同時に最大化することがリーダーシップとして望ましいとしている。ただし実証的な研究ではない。

図表　マネジリアル・グリッド

	生産への関心低	生産への関心高
人への関心高 (9)	社交クラブ型	スーパーマン型
中間		中間型
人への関心低 (1)	消極型	タスク志向型

出所：筆者作成。

　リーダーシップを二次元で把握する上記の各理論では、各次元に共通性がみられる。目標達成を図る行動と部下への気配りを示す行動である。動機づけ理論における期待理論の立場からみると、前者は目標の達成確率を高めるのに対して、後者は達成された成果からの報酬に対する獲得確率を高める。

　しかし行動理論では、その行動と成果の因果関係を明瞭に明らかにすることはできなかった。同一の行動であっても置かれた状況いかんで結果は異なってくる点を、行動理論は考察しなかった。安定した環境にある企業と不確実な環境に置かれている企業とでは、必要とされるリーダーシップにも違いが出てくる。

1.3　コンティンジェンシー・モデル

　リーダーシップは，単に特性や望ましい行動を特定するだけでは説明しきれないことが判明してきた。効果的な集団の成果は，リーダーが部下と接する際のスタイルと，リーダーがその状況下で与える影響力の大きさが適合しているかどうかに依存する。コンティンジェンシー（contingency）とは条件次第の状態を意味し，条件や状況に応じて対応を変えて適合していく必要性を主張する考え方はコンティンジェンシー・モデルと呼ばれる。コンティンジェンシー・モデルは，リーダーシップ論だけではなく，経営戦略や組織デザインの分析においても広く活用されている。リーダーシップ論にコンティンジェンシー・モデルを導入した著名な研究者の1人にフィードラー（Fiedler）がいる。

(1) フィードラーの状況適合モデル

　フィードラー（Fiedler, 1967）は，タスク志向の上司か人間関係重視の上司かを判定するために質問票を作成した。これが「最も好ましくない同僚LPC（least-prefered coworker）に関する質問」である。人が他人について述べることは，対象となる人物よりもその人自身についてより多くを物語るという前提に立った質問である。これまでで最も一緒に働きたくないと感じた人物1人について評価させそれを点数化した。その人物に比較的甘い点がつけられていれば好意的に評価していることになる。こうした上司は人間関係に配慮しているとされた。反対に最も好ましくないと思う人物を悪く評価していれば，その上司はタスク志向であるとされた。状況がタスク志向のリーダーを望むか，人間関係志向のリーダーを期待するかで集団の成果が変わってくる。

　リーダーシップのスタイルは，先天的なもので状況にあわせて変えることはできないとフィードラーは考えた。よって，彼の考えるリーダーは育成することができないもので，状況に適合するリーダーを探してくることが求められる。

　状況要因として以下の3つを考えた。

1. リーダーとメンバーの関係：部下がリーダーに対して抱く信用，信頼，尊敬の度合い

良い・悪い
2．タスク構造（ルーチン性）：部下の職務範囲が明確に定義されている度合い
　　高い・低い
3．職位パワー：雇用，解雇，懲戒，昇進といった権力をリーダーが有する度合い
　　強い・弱い

　きわめて好ましい状況（良い・高い・強い）ときわめて好ましくない状況（悪い・低い・弱い）においては，タスク志向型リーダーのほうが人間関係志向型リーダーよりも高い業績を上げる傾向がある（図表7−2）。きわめて好ましい状況とは，上司は部下から尊敬されていて，仕事内容が具体的かつ明確で，部下

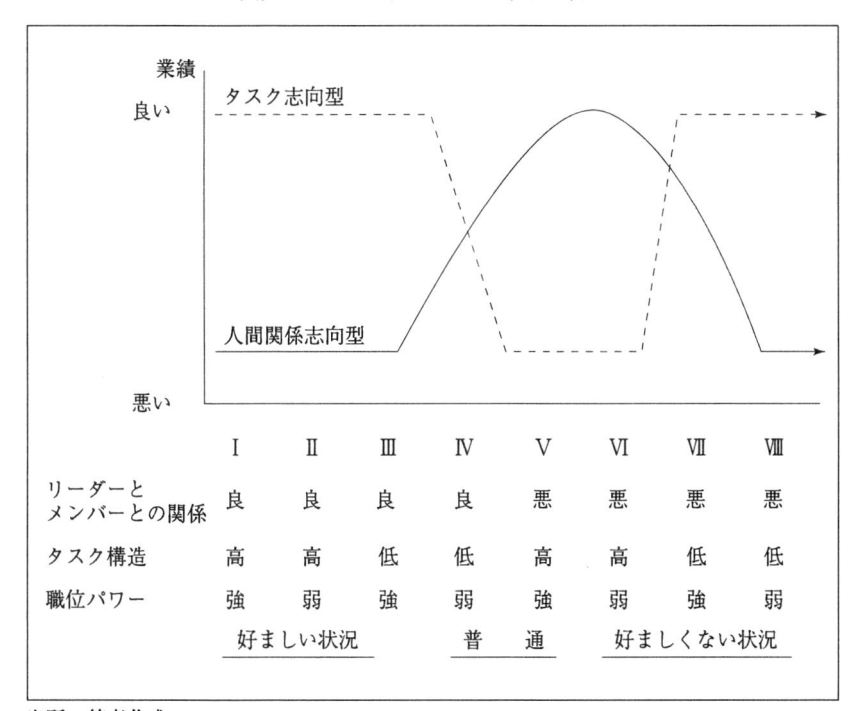

図表7−2　フィードラーの状況適合モデル

	Ⅰ	Ⅱ	Ⅲ	Ⅳ	Ⅴ	Ⅵ	Ⅶ	Ⅷ
リーダーとメンバーとの関係	良	良	良	良	悪	悪	悪	悪
タスク構造	高	高	低	低	高	高	低	低
職位パワー	強	弱	強	弱	強	弱	強	弱
	好ましい状況				普通		好ましくない状況	

出所：筆者作成。

へ報酬を与え，あるいは懲罰するといった職務上の裁量が大きい場合を指している。きわめて好ましくない状況とは，この反対である。

　この理論は，状況適合理論に大きな影響をもたらしたが，リーダーシップスタイルを固定的に捉える点をはじめ理論構築の面で不十分な面がある。また，LPCはじめ各概念が不明確であり，その測定も難しいと批判される。

(2) パス・ゴール (Path・Goal) 理論

　ハウス (House, 1971) によって提示された理論であり，期待理論をベースにしている。期待理論の主張は，成果を上げることができそうで，しかも成果のもたらす報酬に価値を見いだしたとき，人は努力するように動機づけられるというものである。部下たちを目標に向けさせるためには，目標が部下にとって達成可能であること，そして達成によって部下にとって望ましい報酬が確保されなければならない。有能なリーダーは部下にふさわしい道筋（パス）を明確に示して従業員の業務目標（ゴール）達成を助けるとされた。

　パス・ゴール理論では，リーダーシップは部下に受け入れられないと意味がない。部下が必要としているものを提供できないといけないのであって，部下のニーズと合致しない，また必要とされるものでもその過剰な提供は，リーダーとして認めてもらえなくなる恐れがある。

　この理論（図表7-3）では，4つのリーダーシップのスタイルが提示される。指示的リーダーは，フォロワーの意向に関係なく，それに従わせるというものである。達成すべき成果とは何かを部下に教え，仕事のスケジュールを設定し，具体的に仕事を指示する。オハイオ研究の構造作りと同一内容といえるだろう。次に，支援的リーダーは，親しみやすく，部下の要望に応えようとする。オハイオ研究の「配慮」行動に近い。参加型リーダーは決定をくだす前に部下に相談し，彼らの提案を活用する。達成志向型リーダーは，部下の能力を信用し，その力を最大限発揮させようとする。部下にとって挑戦的な目標を設定するところに特徴がある。そしてハウスは，これらのスタイルを状況に応じて使い分けることが可能だとしている。

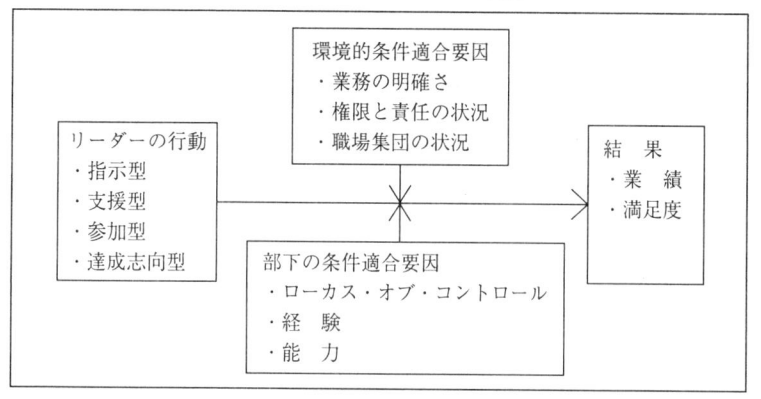

図表7-3　パス・ゴール理論

```
┌─────────────────────────────────────────────────────────┐
│                   環境的条件適合要因                      │
│                   ・業務の明確さ                          │
│                   ・権限と責任の状況                      │
│                   ・職場集団の状況                        │
│  ┌──────────┐                            ┌──────────┐  │
│  │リーダーの行動│                          │ 結　果   │  │
│  │・指示型    │─────────────→│・業　績  │  │
│  │・支援型    │                          │・満足度  │  │
│  │・参加型    │                          └──────────┘  │
│  │・達成志向型│                                          │
│  └──────────┘    部下の条件適合要因                     │
│                   ・ローカス・オブ・コントロール         │
│                   ・経　験                                │
│                   ・能　力                                │
└─────────────────────────────────────────────────────────┘
```

出所：筆者作成。

　環境における条件は，業務の明確さ，権限と責任の状況，職場集団の状況がある。もう一方の条件には部下の個人的特徴が指摘され，経験，能力，ローカス・オブ・コントロール（統制の所在）が挙げられる。パス・ゴール理論の結論を要約すれば，部下が必要とするものを与え，不必要なものは提供しないということになる。理論から導き出されたいくつかの仮説を次に示す。

① 指示型リーダーシップは環境要因があいまいで，部下のストレスが多いとき，満足度を高くする。

② 支援型リーダーシップは，部下が明確なタスク（仕事）をしているときに，好業績と高い満足度をもたらす。

③ 公式の権限関係が明確かつ官僚的であるほど，リーダーは指示的行動を減らし，支援的行動を取る。

④ 行動統制の所在が自分にあると思っている部下は，参加型リーダーシップに満足する。反対に統制の所在が外部にあると思っている部下は指示型リーダーシップに満足をする。

⑤ 達成志向型リーダーシップは，タスク構造があいまいな場合，努力すれば好業績へ結びつくという期待を部下に与える。

⑥ 高い経験と能力を持つ部下にとって，指示型リーダーシップは評判が悪い。

ハーシーとブランチャード（Hersey & Blanchard, 1979）の SL（Situational Leadership）理論

　ハーシーらは，部下の習熟度によってリーダーの対応方法を変えるほうが有効とするSL理論を提示した。リーダーシップのコンティンジェンシー理論の状況要因を掘り下げて，部下の成熟度に着目し提唱した。

1．指示的行動（役割・行動・課題を明らかにする）
2．協労的行動（心理的連帯・サポート・行動の促進・維持）

　リーダーシップを「指示的」と「協労的」の視点から，委任的，参加的，説得的，そして指導的の4種類に分ける。一方，部下の習熟度をコンティンジェンシー要因とみなす。

　① 習熟度が高い部下 ⇒ 委任的リーダーシップ
　② 習熟度がやや高い部下 ⇒ 参加的リーダーシップ
　③ 習熟度やや低め ⇒ 説得的リーダーシップ
　④ 習熟度が低い部下 ⇒ 指導的リーダーシップ

図表　4つのリーダーシップスタイル

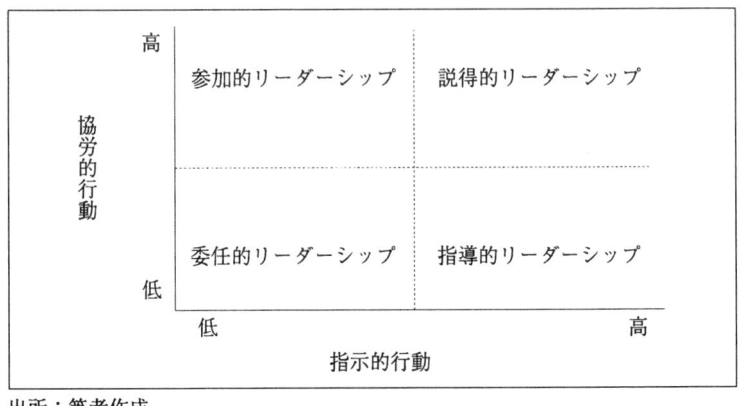

協労的行動	低　　　　　　　　　　　　高
高	参加的リーダーシップ ｜ 説得的リーダーシップ
低	委任的リーダーシップ ｜ 指導的リーダーシップ
	低　　　指示的行動　　　高

出所：筆者作成。

2. リーダーシップと組織変革

2.1 企業変革のタイプ

　市場の変化に対応するために，現代の企業は組織を変革する必要性に迫られている。組織構造や戦略などを変えることは，トップの一存で変更可能である。しかし，そこで働く人々の意識を変え，やる気を高めることは簡単にはいかない。企業を変革するには制度や戦略だけではなく人々の考え方や気持ちを変えなければならない。ここに企業変革の難しさがある。企業変革は不連続的変革と漸進的変革の2つのタイプに分けて考えることができる。

　不連続的変革とは，現状の問題や将来起こりうる問題に対して，計画的に変革を実施するものである。組織の大多数のメンバーを巻き込んで，従来のビジネスモデルや組織の価値観や方針を根本的に変えることになるので，大規模な変革となる。変革は継続的ではなく，短期的なものになる。不連続的変革は，変化が十分に予測可能な環境下では有効である。しかし，環境は絶えず変化しているので，計画どおりにいかないことが多い。予見の難しい不確実な状況下で行われる変革が漸進的変革である。このような変革は小規模で漸進的であるとともに，継続的かつ長期的に行われていく。既存のビジネスモデルや業務を根本的に見なおすことはせず，改善していくことに力点が置かれる。

　アージリスとショーン（Argyris & Schon, 1978）は，問題解決のための組織の能力向上を組織学習と呼び，シングル・ループ学習とダブル・ループ学習とを区別している。シングル・ループ学習とは，組織の根底となる価値観や組織メンバーの行動規範を変化させることなく行われるタイプの学習である。事前にメンバーの行動の範囲や目標を定め，その枠内から逸脱するような変化が確認されると，もとの基準に戻るように修正活動が開始される。定められた範囲内で，さまざまな変化を読みとって改善が行われる。シングル・ループ学習は，組織の日常業務における漸進的な問題解決が基本となる。それに対してダブル・ループ学習とは，組織の根底となる価値観や組織メンバーの行動規範そのもの

が適切であるかどうかに検討を迫る学習のことである。先の漸進的変革がシングル・ループ学習であることが多いのに対して，不連続的変革ではダブル・ループ学習が必要となることが多い。

　ダブル・ループ学習はメンタルモデルの変容を要求するとされる。メンタルモデルとは，自分自身や他の人々，そして自分の所属する組織に対して，さらには世の中のすべての事象に対して，私たちが心のなかに抱いているイメージや仮説，ストーリーのことである。メンタルモデルは，人の行動のしかたを決定する。組織文化は，組織のメンバーに共通するメンタルモデルとみなすことができる。文化的側面での仮説の変容を追求することなしに，組織を大きく変えることはできない。

　バブル経済崩壊の原因の1つに，銀行による過剰融資の不良債権化が挙げられる。バブルの崩壊が始まるまで，銀行の融資担当者は1つのメンタルモデルに支配されていた。「土地の値段は上がるものであり，下がることはありえない。担保として間違えのないものだ」である。この考えにとらわれていた銀行は，過剰融資の危険になかなか気づけなかった。

図表7－4　シングル・ループ学習とダブル・ループ学習

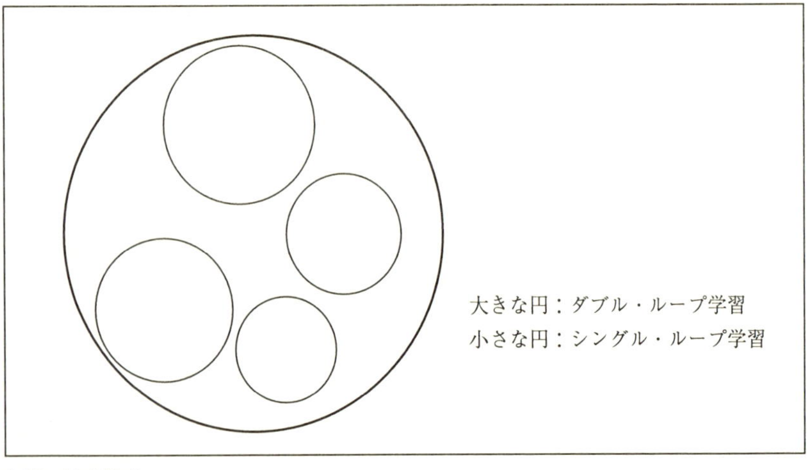

大きな円：ダブル・ループ学習
小さな円：シングル・ループ学習

出所：筆者作成。

漸進的変革やシングル・ループ学習は，日本企業が従来得意としてきたものであり，QCサークル活動やカイゼン活動はそうした典型である。しかし一方で，日本企業は大きな変革の実現を不得手としてきた面がある。つまり定められた大枠のなかで改革が進められることが多い。

以下では，企業環境の激変のなかで必要になる不連続的変革に焦点をあてる。

2.2 組織変革のプロセス

組織変革をどのように進めていくかについて，レビンとコッターが研究している。これらを紹介しよう。

(1) レビンによる変革プロセス

組織変革のプロセスについてレビン (Lewin, 1947) は，解凍，移行（変革），再凍結の3つの段階があるとした。解凍とは，変化が起きる前提条件である。現在の状態から望ましい状態に変化する必要性をメンバーにわからせ，変革に向けた動機づけを行う。推進力が増加するか抵抗力が減少するかによって解凍は生じる。解凍段階で組織メンバーに変革が必要であることを理解させることに成功し，また具体的な変革の方向が決まれば，それに従ってメンバーの価値観や行動を変えていく。これが移行の段階である。

再凍結とは後戻りしないように推進力と拘束力のバランスをとって新しい状況を安定させることである。移行段階で変革が無事に成功したとしても，それで変革に関わる一連の活動が終了するわけではない。再凍結の段階において組織メンバーが獲得した望ましい価値観や行動様式を定着させることが求められる。

レビンの3段階プロセスは，変革を組織の均衡状態の急変としてとらえている。現状が否定され新しい均衡状態が必要になったので，変革が求められるというプロセスである。均衡状態がある程度継続することが前提になっている点で，安定した環境においてあてはまる考え方といえるだろう。

(2) コッターによる変革プロセス

大規模な変革を推進するための段階的プロセスを提案している。そのプロセスとは，危機意識の高揚，変革チームの設置，ビジョンと戦略の策定，周知徹底，従業員の自発性の喚起，短期的成果の実現，変革の継続，企業文化の定着の8段階である。これらについて以下で説明する。

① 危機意識を高める

危機意識を高めることが人々から欠くことのできない貢献を引き出す上で最も重要な条件となる。現状満足が支配しているところでは，変革への意欲はまったく生じない。1950年代に倒産の寸前まで至ったことがある経験からトヨタ自動車では，明日，自動車が1台も売れなくなるかもしれないとみずからを戒めるという。

② 変革推進のための連帯チームを築く

結果を出すために互いに必要とする人々を集めるものである。変化の激しい環境では，個人が非日常的な場面ですぐれた意思決定を下すために十分な情報を獲得するのは難しい。また個人では他の人たちに変革を説得することも難しい。

③ ビジョンと戦略を生みだす

変革に向けたビジョンや戦略には，つぎのような特徴を持たせる必要がある。日常業務から離脱させる力があること，顧客に大きな満足をもたらすこと，技術発展やグローバル化といった環境変化への適応の視点が盛り込まれていること，そして正しいことをしているという倫理性を持たせることである。望ましい組織文化の確立をめざす動きといってもよいだろう。

④ 変革のためのビジョンを周知徹底する

企業内でビジョンや戦略を共有し，各人が十分に理解した上で行動するようにしなければならない。そのためには，ビジョンや戦略の周知徹底が必要となり，それは職場内あるいは職場を超えたコミュニケーションや教育を活発にすることで実現される。具体策としては研修や人事異動が挙げられる。

アサヒビールは1980年代，低迷していた業績を立て直す際に，ビールの味

を変えるなどの一連の変革を実施した。従業員の意識改革のために開発，生産，販売という部門の壁を越えた研修を実施し，変革の必要性や理念について徹底的に議論させたという。

⑤ 従業員の自発を促す

人は命令されて実行するのと，自発的に実行するのとでは意欲が異なる。人は自己決定感や有能感を持つ存在であって内発的に動機づけられることを求めている。内発的に動機づけられていないと，いやいや実行することになり，こうした人々は改革への抵抗勢力となる危険もある。

⑥ 短期的成果を実現する

大規模な変革を遂行するには長い期間が必要であるにも関わらず，多くの人々は性急に成果を求める。短期的な成果を上げようとしない企業変革の取り組みはきわめて脆弱である。なぜなら，短期的に成果を上げないと多くのステークホルダーが変革への反対勢力になってしまうからである。「長い目で見てください」という姿勢はビジネスの世界では通用しない。

⑦ 成果を活かして，さらなる変革を推進する

長期的な成功に結びつけるためには，短期的な成果を継続的に積み重ねることが大事である。実績を示して変革への支持者を増やすことは，変革を進めやすくする。

⑧ 新しい方法を企業文化に定着させる

特定の価値観を企業のメンバーが共有するときに企業文化は定着する。価値観はメンバー各人の意思決定や行動に大きな影響を与える。実現をめざす企業変革にふさわしい企業文化を定着させることは，変革を大きく前進させる。

2.3 経営管理とリーダーシップ

規模の拡大が収益性を高めた時代に，企業はその階層組織を膨張させた結果，階層組織の運営に携わる管理者数が不足した。そこで企業や大学は経営管理向けの教育プログラムを開発し，多くの人々が経営管理の方法を学んだ。このような展開の過程で経営管理の文化が定着した。その結果，所与の制約条件のな

かでのみ考察し行動することを是とする人々が大量に生みだされてしまった。階層組織と管理の視点から思考することのみを訓練されてきた人材では、十分なリーダーシップを発揮できない。これからは自分の頭で考え、自分で何が問題かを見つけ出し、その問題を解決するにはどうすればよいか、を考えて行動する人材が求められている。

　従来型のいわゆる仕事ができる人は、仕事をやらせると速いし正確である。現在の延長線上で仕事する限り非常に優秀である。自分に与えられた仕事をこなしていく姿勢を持つ。一方で変革型の要素を持っている人物は、問題意識が強すぎて、それが不満となって表面にでてしまうことが多い。それが本人の左遷などにつながってしまう。変革を成し遂げた人たちのなかにも、過去にそういった経験をしていることが多い。

【参考文献】

Argyris, C., *Personality and Organization: the conflict betrween system and the individual*, New York: Harper & Row, 1970.（伊吹山太郎・中村　実訳『新訳組織とパーソナリティ：システムと個人の葛藤』日本能率協会，1970）

Argyris, C., & Schon, D. *Organizational learning: A theory of action perspective*, Reading, Mass: Addison Wesley. 1978.

Barnard, C.I., *The Functions of the Executive*, Cambridge, MA: Haravard University Press, 1938.（山本安次郎・田杉　競・飯野春樹訳『新訳経営者の役割』ダイヤモンド社，1968）

Blake, R. R. and J.S. *Mouton, The Managerial Grid*, Houston, Texas, Gulf, 1964.（田中敏夫，小見山澄子訳『新期待される管理者像』産業能率短期大学，1979）

Bower, D. and S. Seashore, Predicting organizational effectiveness with a four-factor theory of leadership, *Administrative Science Quarterly*, 11, 1966, pp. 238-263.

Deal, T. E. and A. A. Kennedy, *Corporate Cultures*, Reading, Mass: Addison-Wesley, 1982. （城山三郎訳『シンボリック・マネジャー』新潮社，1983）

Fiedler, F. E., *A Theory of Leadership Effectiveness*, New York: McGraw-Hill, 1967.

Hersey, P. and K. H. Blanchard, *Management of Organizational Behavior: Utilizing Human Resources*, 6 th.. Englewood Cliffs, NJ: Prentice-Hall. 1979.

House, R. J., A path-goal theory of leadership effectiveness, *Administrative Science Quaterly*, 16, 1971, pp. 321-338.

Howell, J. M., and P. J. Frost, A laboratory study of charismatic leadership. *Organizational Behavior and Human Decision Process*, 43, 1989, pp. 243-269.

Kotter, J. and L. Schlesinger, Choosing strartegies for change, *Harvard Business Review*, 57 (2), 1979, pp. 106-114.
Kotter, J., *Leading Change*, Boston, Harvard Business School Press, 1996.(梅津祐良訳『企業変革力』日経BP，2002)
Lewin, K., Lioppit, R. and R. K. White, Patterns of aggressive behavior in experimentally created social climates. *Journal of Social Psychology*, 10, 1939, pp. 271-301.
Lewin, K., Frontiers in Group Dynamics, *Human Relations*, 1, 1947, pp. 5-42.
Lewin, K., *Field Theory in Social Science*, New York: Harper & Brothers, 1951.(猪股佐登留訳『社会科学における場の理論』誠信書房，1962)
Likert, R., *New patterns of management*, New York, McGraw-Hill, 1961.
Likert, R., *The Human Organization: its management and value*. New York, McGraw-Hill, 1967.(三隅二不二訳『経営の行動科学』ダイヤモンド社，1968)
三隅二不二『リーダーシップ行動の科学：「働く日本人」の変貌』朝倉書店，1994。

索　引

[A–Z]

CAPM……………………30
DSS………………………88
ERGモデル……………134
ERPシステム……………93
ICT………………………85
KJ法……………………112
LLC………………………7
M&A………………………20
MBO……………………146
MIS………………………88
OJT……………………151
P&G社……………………49
PM理論…………………160
PPM………………………52
QCサークル……………144
QWL……………………147
ROA………………………59
ROE………………………59
SBU (戦略事業単位)……50
SCM………………………82
SIS………………………88
SL理論…………………166
SNS……………………101
SPA………………………65
TOB………………………25
WACC……………………30
Wintel…………………175
WLB……………………147
X理論・Y理論…………134

[あ]

アウトソーシング………65
アージリス……………130
アダム・スミス…………34
アドオン開発……………97
アメーバ組織……………59
アンダーマイニング効果…137
委員会設置会社…………14
意思決定………………110
　　──支援システム…88
一般団体・一般財団法人法…4
インベストメントセンター…59
ヴルーム………………138
衛生要因………………134
エンド・ユーザー・コンピューティング
　………………………88
オハイオ研究…………159
親会社……………………25

[か]

会計参与…………………13
会社の支配………………24
階層組織…………………37
科学的管理法…………145
加重平均資本コスト……30
過程説…………………138
株式移転…………………58
株式会社…………………7
株式公開買付け…………25
株式交換…………………58
株式時価総額……………31
株式の持ち合い…………21
株主総会…………………12
カリスマ的リーダーシップ論…156
川上統合…………………68

川下統合……………………68
監査委員会…………………14
監査等委員会設置会社………15
監査役………………………12
監査役会……………………13
　　──設置会社…………12
カンパニー制組織…………55
官僚制組織…………………42
機会主義の脅威……………67
機械的組織…………………43
期待理論……………………138
規模の経済…………………8
強化理論……………………140
凝集性………………………107
強制パワー…………………122
京セラ………………………59
協働企業……………………3
口コミ………………………120
クライアント・サーバ・システム……87
グリーンメーラー…………21
グループ経営………………25
グループシンク……………113
クロス・ファンクショナル・チーム……117
経営情報システム…………87
計画と執行の分離…………145
経済人モデル………………130
権限…………………………40
　　──委譲………………41
　　──受容の範囲………122
合資会社……………………6
公式集団……………………105
合同会社……………………7
行動理論……………………157
公平理論……………………139
後方統合……………………68
合名会社……………………6
子会社………………………25
個人企業……………………3

コストセンター……………59
５段階欲求説………………131
固定費………………………70
ゴミ箱理論…………………114
コミュニケーション………118
コンピタンス………………72
コンフリクト………………123

[さ]

債権者………………………1
サブ文化……………………152
サプライ・チェーン・マネジメント……82
斬新的変革…………………167
シェアード・サービス……28
時価会計……………………24
時間あたり採算……………62
事業部制組織………………44
自己管理型チーム…………117
自己実現人モデル…………130
システムⅣ…………………158
しっぺ返し…………………82
支配力基準…………………26
資本資産評価モデル………30
指名委員会…………………14
　　──等設置会社………14
社会人モデル………………130
ジャスト・イン・タイム方式……78
ジャニス……………………113
終身雇用……………………141
囚人のジレンマ……………81
集団…………………………105
　　──浅慮………………113
出資者………………………1
準拠集団……………………106
準拠性（同一視）パワー…122
純粋持ち株会社……………57
状況適合モデル……………162
小ロット生産………………44

職能別組織	44	統制範囲	37
所属集団	106	同調	108
所有と経営の分離	18	特性理論	156
新株予約権	143	トップダウン	41
シングル・ループ学習	167	トヨタ生産方式	78
垂直コミュニケーション	119	ドラッカー	146
水平コミュニケーション	119	取締役会	12
ストックオプション	28, 143	取引依存度の管理	73
スパン・オブ・コントロール	38	取引コスト	67

[な]

正当性パワー	122
製品マネージャー制	48
絶対的記載事項	10
セル生産方式	36
専制型リーダー	158
前方統合	68
専門性パワー	122
戦略情報システム	88
相対的記載事項	10
組織均衡	129
組織構造	33
組織のフラット化	38
組織文化	147
組織変革	169
その他有価証券	24

内発的動機づけ	136
内部統制制度	16
ナレッジマネジメント	92
二要因説	134
任意事項	10
年功序列	141

[は]

ハウス	164
ハーズバーグ	134
パス・ゴール理論	164
バーナード	iii, 129
バランス・スコア・カード	95
バーリ	18
パワー	121
非公式集団	105
フィードラー	162
フォード生産方式	36
複雑人モデル	130
複社発注	76
部門横断型チーム	117
部門化	39
部門内型チーム	116
ブレインストーミング	112
不連続的変革	167
プログラム（定型）化	40
プロジェクト・チーム	53

[た]

代表取締役	12
大ロット生産	44
達成動機説	135
ダブル・ループ学習	167
チームの活用	116
チャンドラー	47
中間組織	73
中間法人法	4
テイラー	130, 145
デシ	136
デュポン社	45
動機づけ要因	134

プロフィット・センター	59
分業	33
ベストプラクティス	98
変態設立事項	10
変動費	70
報酬委員会	14
報酬パワー	122
法人	1
──格否認の法理	5
放任型リーダー	158
ホーソン研究	106
ボトムアップ	41
本田宗一郎	150

[ま]

マイクロソフト社	151
マクレガー	134
マクレランド	135
マズロー	131
松下幸之助	150
マトリクス組織	53
ミシガン研究	159
民主型リーダー	158
ミーンズ	18
無限責任	4

目標による管理	146
モジュール化	101
モダンタイムス	35
持ち株会社制	57
持分会社	9
モチベーション	129

[や]

有機的組織	43
有限会社の廃止	8
有限責任	4
欲求説	131

[ら]

リエンジニアリング	89
リスク・プレミアム	31
リスクフリー・レート	30
リーダーシップ類型論	157
リッカート	158
リナックス	100
レビン	158
レベンサル	140
連結会計制度	25,28
ローカス・オブ・コントロール	165

《著者紹介》
石塚　浩（いしづか　ひろし）

[経　　歴]
　1959年　埼玉県に生まれる
　1989年　早稲田大学大学院博士後期課程単位取得後退学
　現　在　文教大学教授（経営学部）　　修士（商学・早稲田大学）

[主要業績]
　『現代経営』（共著）（白桃書房，1992年）
　『攻撃戦略』（共著）（ダイヤモンド社，1993年）
　『プロフィット・ゾーン経営戦略』（共著）（ダイヤモンド社，1999年）

（検印省略）

2009年4月10日　初版発行
2016年4月10日　二刷発行

略称－経営組織論

経 営 組 織 論
―理論と実際―

著　者　石塚　　浩
発行者　塚田　尚寛

発行所　東京都文京区　　株式会社　創　成　社
　　　　春日2-13-1
　　　　電　話　03（3868）3867　　ＦＡＸ　03（5802）6802
　　　　出版部　03（3868）3857　　ＦＡＸ　03（5802）6801
　　　　http://www.books-sosei.com　振　替　00150-9-191261

定価はカバーに表示してあります。

©2009 Hiroshi Ishizuka　　組版：MASUDA　　印刷：エーヴィスシステムズ
ISBN978-4-7944-2305-4 C3034　製本：宮製本所
Printed in Japan　　　　　　　　落丁・乱丁本はお取り替えいたします。

———— 経営・マーケティング ————

書名	著者	区分	価格
経営組織論 ―理論と実際―	石塚　浩	著	2,000円
経営戦略の理論と実践	高垣行男	著	2,300円
オンデマンド時代における企業経営	嘉義幸司／金沢尚基／文　載皓	著	2,600円
CSRとコーポレート・ガバナンスがわかる事典	佐久間信夫／水尾順一／水谷内徹也	編著	2,200円
経営戦略論	佐久間信夫／芦澤成光	編著	2,400円
日本の携帯電話端末と国際市場 ―デジタル時代のマーケティング戦略―	大﨑孝徳	著	2,700円
ITマーケティング戦略 ―消費者との関係性構築を目指して―	大﨑孝徳	著	2,000円
現代消費者行動論	松江　宏	編著	2,200円
現代マーケティング論	松江　宏	編著	2,900円
マーケティングと流通	松江　宏	著	1,800円
近代経営の基礎 ―企業経済学序説―	三浦隆之	著	4,200円
経営学概論 ―アメリカ経営学と日本の経営―	大津　誠	著	2,200円
経営グローバル化の課題と展望 ―何が問題で，どう拓くか―	井沢良智／八杉　哲	編著	2,700円
すらすら読めて奥までわかるコーポレート・ファイナンス	内田交謹	著	2,800円
財務管理論の基礎	中垣　昇	著	2,200円
経営財務論	小山明宏	著	3,000円
現代経営組織辞典	小林末男	監修	2,500円
昇進の研究	山本　寛	著	3,200円
商店街の経営革新	酒巻貞夫	著	4,078円
共生マーケティング戦略論	清水公一	著	4,150円
広告の理論と戦略	清水公一	著	3,800円

（本体価格）

―――― 創成社 ――――